ORIXÁS

Cinema, Literatura e Bate-Papos

Ademir Barbosa Júnior
(Dermes)

ORIXÁS

Cinema, Literatura e Bate-Papos

ANUBIS

Revisão:
Tânia Hernandes

Projeto gráfico e capa:
Edinei Gonçalves

Dados Internacionais de Catalogação na Publicação (CIP)
(Câmara Brasileira do Livro, SP, Brasil)

Barbosa Júnior, Ademir
Orixás: cinema, literatura e bate-papos / Ademir Barbosa Júnior (Dermes) . -- São Paulo: Anúbis, 2015.

ISBN 978-85-67855-30-1

1. Orixás 2. Umbanda 3. Umbanda (Culto) 4. Umbanda na literatura 5. Umbanda no cinema I. Título.

15-01856 CDD-299.60981

Índices para catálogo sistemático:
1. Umbanda : Religião afro-brasileira 299.60981

São Paulo/SP – República Federativa do Brasil
Printed in Brazil – Impresso no Brasil

Este livro segue as novas regras do Acordo Ortográfico da Língua Portuguesa.

Distribuição exclusiva
Aquaroli Books
Rua Curupá, 801 – Vila Formosa – São Paulo/SP
CEP 03355-010 – Tel.: (11) 2673-3599
atendimento@aquarolibooks.com.br

Impressão e acabamento: Mark Press Brasil

Sumário

Introdução 7

PARTE 1 – Cinema

Orixás no Cinema 11
Histórico 12
Mãe dos Nove Céus 14
Mãe dos Peixes, Rainha do Mar 17
Xangô 19
Cafundó 21
Besouro 27
Jardim das Folhas Sagradas 32

PARTE 2 – Literatura

Questão de Gênero 43
Texto 1 – As Penas do Ecodidé 43
Texto 2 – Cor de Rosa Choque 46

A Universalidade dos Mitos 53
Ponto cantado 61
Oriki 65
As Três Faces do Feminino: Menina, Mãe,
Matriarca 67
Menina.............................. 67
Mãe 71
Matriarca............................ 74

PARTE 3 – Bate-Papos

De Livros e Vídeos Sagrados 79
Novo Dicionário de Umbanda: Livro Sagrado ou
Pai dos Burros? 85
Abeafro e Copa do Mundo: Gol de Cabeça 89
Afinal, o que deseja o Povo de Santo? 93
Carta Magna de Umbanda: Religião e Cidadania. 99
Abeafro: Identidade e Serviço................ 103
Exu Shakira? 107
Sotaque Umbandista 111
Religiões de Matriz Africana e Preconceito
na Família 113
Trauma e Recomeço........................ 117
Tradição, autoridade e autoritarismo 117
Bullying espiritual....................... 118
Marmota ou Marmotagem.............. 120
Trauma e recomeço 121
Existe um "Umbandan Way of Life"?...... 123
Bibliografia 127
O Autor 137

Introdução

Este livro apresenta alguns textos para reflexões individuais e coletivas. A primeira parte dele aborda curtas e longas-metragens em que Orixás, Guias e Guardiões são representados, relidos, recriados. A segunda parte traz propostas de leituras da riquíssima mitologia dos Orixás, como oralitura e literatura. Já a terceira parte deste livro apresenta textos seminais para que se compreenda a história e a luta do Povo de Santo, bem como as alegrias e dores individuais da filiação de Santo.

Possam os textos sempre favorecer o diálogo e, quando necessário, contribuir para o debate.

Sejam, ainda, pontos de partida para a criação de outros textos de autoria individual e/ou coletiva, os quais contribuirão para que a beleza e a identidade do Povo de Santo sejam conhecidas por todos os que se dispuserem a olhar em nossos olhos com fraternidade e respeito e não com o preconceito.

Oxalá abençoe a todos nós!

Axé!

Ademir Barbosa Júnior

(Dermes)[1]

---

1. Presidente da Associação Brasileira dos Escritores Afro-religiosos (Abeafro).

PARTE 1

Cinema

Orixás no Cinema

O primeiro e mais célebre longa-metragem em que aparecem representações de Orixás, como eles mesmos, em pontos de força da natureza ou locais diversos, ou incorporados é *O Pagador de Promessas* (1962). Certamente possa haver outros, cujos registros espera-se que sejam recuperados.

O objetivo deste trabalho é apresentar uma seleção de longas e curtas-metragens nacionais com representações artístico-poéticas dos Orixás. Para tanto, foram selecionados filmes que compõem o "Projeto CineOrixás", um ciclo de exibições e debates que coordeno: os longas-metragens

Besouro (2009), *Jardim das Folhas Sagradas* (2011), *Cafundó* (2005) e os curtas-metragens produzidos parcial ou totalmente na cidade de Piracicaba (SP): *Mãe dos Nove Céus* (2012) e *Mãe dos Peixes, Rainha do Mar* (2013).

Como homenagem e agradecimento a tantos parceiros, iniciarei o debate com os curtas cuja produção coordenei e que os amigos generosos dizem que dirigi.

Histórico

Ao final de 2011 elaborei o roteiro da peça *Águas da Oxum* e contatei um grupo de atores para a parceria. O grupo estava em crise e, apesar das oficinas que montei, nem todos estudavam a mitologia dos Orixás, preparavam a gestualidade e as coreografias adequadas, e, por isso, a peça não foi montada. É preciso dizer que sempre deixei bem claro não se tratar de um trabalho religioso, embora a mitologia e a teologia dos Orixás, obviamente, reverberem em religiões como Candomblé e Umbanda.

Então, convidei alguns amigos e, no início de 2012, filmamos *Águas da Oxum*, pelo coletivo que chamei de "Adjá Produções". O trabalho, todo voluntário, contou com atores, músicos, uma loja que nos cedeu um adjá e estúdios que nos emprestaram tempo e espaço para as gravações.

O filme, pronto, teve sua estreia com linda exposição de fotos e apresentações musicais, em Piracicaba (SP), e convite para nos apresentarmos no Espaço Cultural da Barroquinha, em Salvador (BA).

Infelizmente, por razões pessoais (as quais respeito) e de disputa entre membros da equipe, resolvi deixar o projeto, mas autorizei-os a usar o meu nome e minha voz (tivemos de nos valer de narrativa em *off*). Porém, uma integrante do grupo se recusou a deixar sua imagem ser utilizada, alegando que: "Se começamos com o Dermes, terminaremos com ele também.". O curta não mais foi exibido.

Se eu sempre disse: “O trabalho é voluntário, mas a dedicação é de quem recebe milhões.”, passei a dizer também: “Se alguém queimar o seu filme, faça outro mais bonito.”. Foi o que fizemos.

Mãe dos Nove Céus

Ficha técnica	
Direção	Ademir Barbosa Júnior (Dermes)
Elenco (ordem alfabética)	Ediana Raetano (Mulher 1), Fabiana Alvarenga (Iansã), Felipe Vecchini (Obaluaê), Priscila Ferreira (Obá), Priscilla Ballistiero (Oxum), Lucas Alexandre (Ogã), Michele Corrêa (Mulher 2)
Trilha sonora e sonoplastia (ordem alfabética)	Ediana Raetano, Fabiana Alvarenga, Felipe Vecchini, Priscila Ferreira, Lucas Alexandre, Michele Corrêa e Tony Azevedo
Maquiagem	Michele Corrêa
Câmera	Tchelo Andrade
Logo da Bom Olhado Produções	Rodrigo Geraldo

Para recomeçar com alegria e bom humor, o novo coletivo foi chamado de Bom Olhado Produções. O nome já diz tudo. Boa parte do grupo da Adjá Produções permaneceu, outros se agregaram e passamos a produzir o curta-metragem *Mãe dos Nove Céus*.

Como no curta anterior, algumas alterações práticas foram necessárias. *Mãe dos Nove Céus* recriaria o itã (relato mitológico) em que Oyá cura Obaluaê, que lhe permite, então, reinar na calunga pequena (cemitério).

Trata-se da história de Oyá ou Iansã (Iya Mesan Orum, ou seja, Mãe dos Nove Céus), Igbale ou do Balé. Para contrapor as duas partes da história de Iansã, optamos pelo figurino vermelho (Iansã "genérica") e branco (Igbale). A festa dos Orixás em que se dá a cura de Obaluaê, em vez de 16 Orixás, traz apenas as três esposas de Xangô, sem que o mesmo apareça: Oxum, Iansã e Obá.

Nem todos os atores abraçaram a proposta original de fazer o próprio figurino de modo a apresentarem os Orixás o mais próximo possível de seres humanos. Houve quem preferisse usar roupa de Santo ou algo próximo disso, e eu respeitei.

Como principais locações, optamos pelo cemitério (Área interna e externa, num dos muros em que há um painel de Obaluaê e outro de Santa Catarina, cujo sincretismo com Iansã é menos conhecido do que aquele com Santa Bárbara.), um pequeno bambuzal, o quintal de uma residência, onde acontece a arrumação para a festa em que Obaluaê é curado (Em nossa versão, ele é curado nesse momento, e não durante a festa em si.) e o quintal de outra residência, onde uma mulher costura e, ao som de um trovão, olha para a imagem de Santa Bárbara e persigna-se, além de, noutra cena, recolher do varal roupas (sobretudo camisetas) referentes a grupos culturais de Piracicaba e do Templo de Umbanda Caboclo Pena Branca e Mãe Nossa Senhora Aparecida, do qual sou filho.

Na cena do cemitério, como não existe ali cruzeiro vertical, apenas horizontal, no qual se colocam velas, foi feita uma trucagem com a cruz de pedra de um dos túmulos.

A estreia do filme, que dura 10 minutos e é dedicado a Clara Nunes, contou com uma linda festa, com apresentações musicais diversas e exposição de fotos. Esse curta, bem como *Mãe dos Peixes, Rainha do Mar*, foi tema de reportagem da *Revista Raça Brasil* (fevereiro de 2013) quando também foi anunciado que o próximo trabalho da Bom Olhado seria o curta-metragem *Xangô*.

Mãe dos Peixes, Rainha do Mar

Esse é um projeto mais ousado. O DVD se divide em três partes: o curta-metragem (15 minutos), um depoimento exclusivo da Deputada Estadual Leci Brandão a respeito da lei que inclui o Dia de Iemanjá (02 de fevereiro) no Calendário Oficial do Estado de São Paulo (15 minutos) e uma ária com a trilha sonora completa (20 minutos).

Ficha técnica	
Elenco	Priscilla Ballistiero (Iemanjá), Karine Mebarak Ripoll (Oxum), Fabiana Alvarenga (Iansã), Geralda Zampaulo (Nanã), Ediana Raetano (Mulher 1), Vânia Rodrigues (Mulher 2), Débora Ruiz (Mulher 3), Viviane Souza (Mulher 4)
Câmera e edição	Tchelo Andrade
Áudio	Tchelo Andrade, Fábio Gimenez Paschoal, Adney Abreu
Apoio técnico	Miriam Galvani
Direção	Ademir Barbosa Júnior (Dermes)
Narração	Fabiana Alvarenga
Trilha sonora	Gravações de Marissol Nascimento, Lucas Alexandre, Miriam Galvani, Grupo Iyalodê Música Afro, Deh Martins, Igor Mathias e Marcos Alexandre.

O curta situa Iemanjá entre Iabás de água doce, como Oxum, Iansã e Nanã e recria dois itãs, aqueles que contam como e porque Iemanjá criou as ondas e a noite. Os figurinos dos atores ainda oscilam entre a criação própria e a roupa de Santo.

Mãe dos Peixes, Rainha do Mar teve pré-estreia em Salvador (BA), no Memorial das Baianas de Acarajé, com um delicioso coquetel oferecido pela Associação de Baianas de Acarajé e Mingau. Dentre tantos amigos queridos, compareceu ao evento Roque Araújo, que produziu filmes de Glauber Rocha, mas que, em virtude de aulas, não pôde assistir à exibição do curta e da fala de Leci Brandão.

Houve exposição de fotos, as quais também foram exibidas em Piracicaba (SP), na festa de estreia, com diversas apresentações musicais.

Xangô

Ainda em fase de produção. (Direção: Rafael Curumim e Ademir Barbosa Júnior, 11 min, 2014).

No filme, é narrado, de forma simplificada, o episódio em que Oxalá é posto na prisão injustamente por artimanhas de Exu, que por meio do torto faz o reto.

Exu coloca Xangô numa situação em que, por meio de uma ação injusta, refina seu senso de justiça, de modo a identificar-se com o símbolo da experiência e da sabedoria máximas: Oxalá. Por essa razão, passa a ter fundamento com Oxalá Velho (Oxalufã), com ele comungando.

Como se diz na linguagem das religiões de matriz africana, Xangô Airá caminha ou come com Oxalá. Não à toa, essa qualidade de Xangô é sincretizada com São Pedro, como se verá adiante, o chamado Príncipe dos Apóstolos.

Optou-se por representar Exu como um moleque brincalhão, nas atitudes, nos gestos, no figurino (bermuda) e na trilha sonora, com *Bola de meia, bola de gude*, canção de Milton Nascimento, com os seguintes versos: "Há um menino, há um moleque, morando sempre no meu coração/toda vez que o adulto balança, ele vem pra me dar a mão.".

Cafundó

Ficha técnica	
Gênero	Drama
Direção	Clóvis Bueno e Paulo Betti
Roteiro	Clóvis Bueno
Elenco	Adolfo Pimentel, Altamar Cezar, Beto Guiz, Ernani Moraes, Fausto Cascaes, Lázaro Ramos, Leandro Firmino, Leona Cavalli e Paulo Betti
Produção	Paulo Betti, R. A. Genaro e Virginia W. Moraes
Fotografia	José Roberto Eliezer
Trilha Sonora	André Abujamra
Duração	101 min.

"Aqui não é a África, meu filho. Tem um oceano no meio. Quem quiser viver aqui tem que saber juntar tudo.", responde João de Camargo, em *Cafundó* (2005), na prisão a alguém que dizia que ele havia renegado os Orixás por rezar aos "santos dos brancos".

A história de João de Camargo recriada e recontada neste filme trata especialmente de sua trajetória até a fundação da Igreja da Água Vermelha (início do século XX), hoje na área urbana de Sorocaba (SP), que tive a oportunidade de visitar em 2010.

A casa espiritual e o fundamento que norteia o trabalho espiritual do ex-escravo e tropeiro João de Camargo em muito lembra a Umbanda, inclusive na disposição dos altares, que não pararam de crescer após a morte de Nhô João e trazem imagens de santos católicos, quadros de Papas, imagens de Caboclos, Zé Pelintra e outros. Sincretismo é a palavra-chave.

No filme, a trajetória espiritual de João de Camargo se acelera a partir de um momento de dor, desilusão e solidão a partir de um relacionamento extraconjugal de sua esposa, personagem hipersexualizada a partir da ação de uma Pomba-gira, não a Pomba-gira tal qual se conhece na Umbanda, responsável pelos desejos, freando excessos e deturpações, mas a de um quiumba, ou seja, espírito desencarnado em desequilíbrio. Seu desejo se dá a conhecer por uma cigana que dela se enoja e a amaldiçoa. O senso comum costuma confundir as chamadas Entidades de Esquerda (Exu, Pomba-gira, Exu Mirim) com quiumbas.

Antes, no casamento que ocorre no litoral, Rosário se encanta com uma gira de Iemanjá e incorpora, pelo procedimento, não uma Pomba-gira *ipsis litteris*, mas um quiumba. Nesse momento, a direção espiritual cuida de Rosário, pois a manifestação é descabida naquele contexto (Mesmo se fosse de uma Pomba-gira.).

Evidentemente, numa gira em que tal manifestação ocorresse, o tratamento seria imediato, contudo, no cinema/na arte, território da recriação, isso não ocorre de pronto, para que o espectador tome ciência com mais propriedade do que acontece. Por isso, Rosário, incorporada, pega a garrafa de champanha oferecida a Iemanjá e a bebe.

Exu aproxima-se muito mais da Entidade Exu (Umbanda) do que propriamente do Orixá Exu (Candomblé), em especial pelo figurino utilizado.

É quem anuncia que João "Vai 'ir', mas vai voltar. Vai subir, mas vai descer.", indicando que João não ficaria estático no momento de iluminação, porém teria de retornar ao cotidiano, num ciclo contínuo de aprendizado que não se restringe apenas à caminhada/subida simbólica em que João compreende sua missão, mas também em relação às conquistas e aos reveses dessa missão.

A princípio, João não o reconhece, por isso Exu pergunta se a mãe dele não lhe deu educação. É, ainda, o companheiro que cobra respeito e companheirismo de João de Camargo, pois o protege e também faz parte da Lei e de sua execução.

Conforme o imaginário popular, é por vezes confundido com o Diabo, como no episódio das duas galinhas, e oferendado com ejé (sangue), como quando dois trabalhadores negros acabam por matar um capataz, ou com comida feita, tal qual os humanos comem, como numa das cenas finais, oferendado por João de Camargo.

Os Ibejis são principalmente evocados sob a forma do Inquice Vungi (tradição Angola) e associados ao menino Alfredinho, morto num acidente, o que reforça o sincretismo religioso.

Ainda a respeito do sincretismo, há, no filme, a presença de um índio e de vários elementos da cultura popular.

Obaluaê, Orixá da Cura, aparece numa linda coreografia, quando a mãe de João de Camargo surge num momento em que esse vai à mata em busca de uma pedra (otá), que servirá de fundamento para sua igreja, iluminada, usando, além do branco, o roxo de Nanã, mãe de Obaluaê.

A mãe de João, que, nesta cena, lhe dá a palha de Obaluê para vestir, curava com diversos métodos, amparada pela Espiritualidade: seu filho segue o mesmo caminho, por meio diversos.

Xangô é quem no alto da pedreira/montanha, após a subida simbólica de João, lhe dá, por meio de uma machadada na pedra o vislumbre da iluminação, da luz/faísca que brota do atrito da lâmina/pedra. Após esse baque, João ouve Nossa Senhora Aparecida e depois desperta, deitado no solo, ouvindo o amigo e inspirador Monsenhor

João Soares. Note-se cenicamente o paralelismo entre as roupas de Monsenhor João Soares e de Exu, ambas pretas e vermelhas, para nivelar os dois guardiões e protetores de Nhô João.

Oxum aparece como Nossa Senhora Aparecida, cujo sincretismo é o mais popular no Sudeste Brasileiro e na Umbanda (No Candomblé, de modo geral, sua festa é no dia 08 de dezembro, reservada, pela maior parte dos umbandistas, para Iemanjá.). Sua mensagem é de ternura e proteção. De todas as representações dos Orixás, no filme, esta, sem dúvida, é a mais escancaradamente sincrética.

Atividade

Pesquisar um itã (relato mitológico) de cada um dos Orixás citados neste item.

Besouro

Ficha técnica	
Gênero	Drama
Direção	João Daniel Tikhomiroff
Roteiro	João Daniel Tikhomiroff e Patrícia Andrade
Elenco	Aílton Carmo, Anderson Santos de Jesus, Flavio Rocha, Irandhir Santos, Jessica Barbosa, Leno Sacramento, Macalé e Sergio Laurentino
Produção	Fernando Souza Dias, João Daniel Tikhomiroff e Vicente Amorim
Fotografia	Enrique Chediak
Trilha Sonora	Pupillo, Rica Amabis e Tejo Damasceno
Duração	95 min.

Besouro reconta/recria a história do capoeirista homônimo no momento pós-abolição da escravidão no Brasil (1924), em que os negros ainda eram sobrecarregados de trabalho e mal pagos, discriminados ostensivamente e impedidos de vivenciar publicamente sua fé (o Candomblé era perseguido) e suas manifestações culturais e de valor, como a capoeira (proibida por lei).

No imaginário popular, e não apenas no Recôncavo Baiano, Besouro, assim como Zumbi, sintetiza a luta, a mobilização, em favor dos marginalizados e/ou excluídos. Conforme afirma seu mentor, Mestre Alípio: "A morte não existe, Besouro. A morte é viver debaixo da bota dos outros.".

Retratado inicialmente como imaturo e narcisista, Besouro aprende, por meio da dor (A maior foi ter perdido seu mestre, assassinado por uma sua incúria enquanto seu guarda-costas de plantão.), a disciplina e a humildade para trabalhar em prol de seu povo e, assim, liderá-lo.

Nesse momento, aproxima-se mais dos Orixás, aqui apresentados e representados bem próximos da mitologia e da teologia iorubás, grosso modo, tais quais foram herdados pelo Candomblé.

Mestre Alípio, espiritualmente, continua a orientá-lo. Por sua vez, Besouro, em alguns momentos, empresta sua força a seus amigos, num verdadeiro processo que lembra os mecanismos da incorporação.

Exu – Conforme afirma ao próprio Besouro, não existe o bem sem o mal. Orixá que conhece a dualidade, a ambiguidade do humano, conduz, por diversos mecanismos, personagens, em especial Besouro, sem, contudo, interferir num plano e num objetivo maiores. Sua compreensão do bem e do mal, da vida e da morte está acima da compreensão humana.

Orixá associado à feira (pela energia de troca), uma das principais sequências do filme se passa nesse ambiente: a da provocação de Exu a Chico, que, revoltado por não poder mais jogar capoeira por ter tido a perna esquerda ferida pelo capataz Noca, havia chutado o padê (de modo genérico, oferenda ritual, com a comida, padê propriamente dito, e a bebida desse Orixá) de Exu e a da aceitação da missão de Besouro ("Acorda, Besouro!", lhe diz Exu.). No primeiro caso, Exu provoca Chico, inicialmente, em sua masculinidade, e esse, na tentativa de lutar com o desconhecido (e não reconhecido) Exu, passa para os outros a imagem de louco.

No segundo caso, quando Besouro se prostra diante de Exu é que este o ajuda a se levantar e a se defender. A princípio, Exu aparece vestido todo de branco, como cliente da feira, e depois se revela em sua cor característica (vermelha), com alguns de seus símbolos, como o ogó (bastão).

Ogum – Protetor maior, Orixá de cabeça de Besouro, que, com o corpo fechado, leva adiante sua luta em prol do povo negro. Ogum é o guerreiro por excelência.

Segundo a narrativa, o corpo fechado de Besouro é quebrado por uma faca de ticum. É madeira contra ferro, evocando relatos mitológicos em que, por exemplo, o corte sacrificial no culto a Nanã deve ser feito com faca de madeira, e não de metal, em virtude de uma quizila entre a Mãe de Obaluaê e Ogum, o senhor do metal, da faca, da forja.

Ossaim – Senhor das ervas curadoras, com as quais Zulmira cura Besouro e prepara o amuleto e o ritual de fechamento de corpo.

Oxum – Orixá das águas doces, das cachoeiras, do amor. Quando Besouro mergulha do alto e é levado pela correnteza, tem um verdadeiro renascimento, batismo. Além disso, seu refúgio e local de descanso, refazimento, passa a ser uma gruta à beira d´água.

Iansã – Orixá guerreiro, senhora dos ventos, do movimento, protetora de Besouro, o qual, aliás, também voa. Ligada aos mistérios da morte, é quem recebe Besouro nos braços, quando este desencarna, e seu corpo está no colo de Dinorá (A mesma atriz interpreta Dinorá e Iansã.).

Xangô – Em breve aparição na narrativa, o Orixá aparece, vestido com uma espécie de saiote marrom, a convocar Besouro para fazer valer a justiça.

Em *Besouro*, os Orixás aparecem bastante humanizados, com destaque para a plasticidade de seus corpos e com elementos que evoquem suas características, como a saia amarela, os colares e pulseiras dourados de Oxum, a tanga coral/vermelha de Iansã, também de pele com a cor próxima do coral etc. Músculos ressaltam a força do masculino; seios, a feminilidade, a maternidade.

Bastante poéticas são as cenas em que Oxum e Iansã recolhem as oferendas feitas a elas: rosas amarelas atiradas de modo a chegar ao fundo d´água e até Oxum; rosas vermelhas para Iansã.

Atividade

Faça um paralelo entre as representações (posturas, figurinos, simbologia etc.) de Exu em *Besouro* e *Cafundó*.

Jardim das Folhas Sagradas

Em linhas gerais, o filme conta a história de Bonfim, que, a princípio, se recusa a montar um terreiro de Candomblé. Quando resolve fazê-lo – por ser filho de Ossaim, Orixá das Folhas Sagradas –, em seu terreiro, construído de modo sustentável, abole o corte ritualístico.

Ficha técnica	
Gênero	Drama
Direção	Pola Ribeiro
Roteiro	Henrique Andrade e Pola Ribeiro
Elenco	Antônio Godi, Aurístela Sá, Érico Braz, Evelyn Buchegger, Harildo Deda, João Miguel e Sérgio Guedes
Duração	90 min.
Ano	2011.
País	Brasil.
Cor	Colorido.

Como se trata de uma obra artística/de ficção, pode-se ler a atitude de Bonfim ao menos de dois modos:

a) Resistência ao corte (tese específica do filme);

b) Incompreensão das funções e do papel de Exu, uma vez que não se parece buscar uma alternativa de oferenda a esse Orixá, e, consequentemente, de ligação com o mesmo, que não seja o corte.

Ao final, após a evocação de Xangô por parte do babalorixá de Bonfim, um incêndio destrói o terreiro criado pelo protagonista. Bonfim, então, sacrifica um galo a Exu e seus projetos passam a prosperar, ocorrendo, inclusive a prisão dos estelionatários que lhe venderam um terreno cheio de irregularidades legais onde foi construído o terreiro.

O açulamento de Xangô se dá pelo fato de ser o Pai de Cabeça do Babalorixá de Bonfim e também Orixá da Justiça e de firmeza do Ori (cabeça). Sua ação é pelo fogo, daí o incêndio.

A atitude do babalorixá necessita ser compreendida no contexto da mitologia e da teologia iorubá, conforme já apresentada quando se tratou de outros filmes, a fim de que não seja vista como maldosa.

Foi uma lição e um aprendizado. Se houve óbito, é porque estava no caminho daquele que faleceu. Embora não seja prática corrente no Candomblé, especialmente hoje, essa atitude evoca um olhar diferenciado sobre os conceitos de bem e de mal na trajetória espiritual e na evolução de cada um.

Além de ser Orixá da Justiça, do fogo, das pedras e de muita firmeza, Xangô, em suas diversas representações, evoca o equilíbrio e a síntese. É assim com seu machado bipene. É assim com suas cores mais tradicionais no Candomblé, o vermelho e o branco, posicionando-se entre Exu (vermelho) e Oxalá (branco), como fiel da balança.

Jardim das Folhas Sagradas apresenta, ainda, o Candomblé não apenas como religião constituída, mas também como patrimônio cultural, alvo de intolerância religiosa e foco de olhares diversos, dentre eles o histórico-sociológico.

O corte

Na Umbanda, em cuja fundamentação não existe o corte, embora diversas casas dele se utilizem, por influência dos Cultos de Nação, os elementos animais, quando utilizados (Há casas que não os utilizam nem mesmo nas chamadas entregas aos Orixás.), crus ou preparados na cozinha, provêm diretamente dos açougues.

No primeiro caso, usam-se, por exemplo, língua de vaca, sebo de carneiro (por vezes confundido com e/ou substituído por manteiga de carité), miúdos etc.

No segundo caso, o que se compra em açougue e se come normalmente, no dia a dia, sem que haja sacrifício para tal. O importante é a Umbanda não discriminar o Candomblé e vice-versa. A Umbanda, que não se utiliza de elemento animal algum, nem para a feijoada de Ogum, ou os peixes para a Festa de Oxóssi, por exemplo, não deve achar que é superior à maioria das casas que preparam pratos e entregas com elementos animais. O sangue é elemento vital, movimentador de Axé, mas, como também o são outros tantos elementos, na Umbanda, oficialmente, não se pratica o corte.

Aliás, quando se fala em sangue, no Candomblé, não se fala apenas do sangue que corre nas veias. Além do sangue propriamente dito (ejé, menga, axorô), importante no Candomblé para a movimentação do Axé, há outros elementos também conhecidos como sangue (vermelho, branco e preto), associados aos reinos animal, vegetal e mineral.

Todos são importantíssimos condensadores energéticos, o que não significa que todos sejam usados no dia a dia dos terreiros. É importante perceber que estão em toda parte, nos chamados três reinos, movimentando Axé.

Sangue vermelho	
Reino animal	sangue propriamente dito.
Reino vegetal	epô (óleo de dendê), determinados vegetais, legumes e grãos, osun (pó vermelho), mel (sangue das flores) etc.
Reino mineral	cobre, bronze, otás (pedras) etc.

Sangue branco	
Reino animal	sêmen, saliva, hálito, plasma (em especial do ibi, tipo de caracol) etc.
Reino vegetal	seiva, sumo, yierosun (pó claro), determinados vegetais, legumes e grãos etc.
Reino mineral	sais, giz, prata, chumbo, otás etc.

Sangue preto	
Reino animal	cinzas de animais.
Reino vegetal	sumo escuro de determinadas plantas, waji (pó azul), carvão vegetal, determinados vegetais, legumes, grãos, frutos e raízes etc.
Reino mineral	carvão, ferro, otás, areia, barro, terra etc.

Se a crítica ao corte vem de um vegetariano, embora ele não entenda o fundamento, compreende-se. Mas de quem come carne, por quê? Por que não critica o açougueiro? Os animais criados em terreiros de Candomblé para o corte são muito mais bem cuidados e respeitados do que aqueles criados enjaulados, com alimentação inadequada para engordar etc. O animal, para o corte, não pode sofrer.

Por outro lado, no próprio Candomblé, há casas que não cortam, cortam pouco ou se utilizam, como na Umbanda, de elementos animais comprados no comércio. Algumas casas de Ketu com esse procedimentos são chamadas de Ketu frio em contraposição às de Ketu quente, ou seja, as que cortam.

Todas as casas sérias precisam ser respeitas, pois seus fundamentos são estabelecidos com a Espiritualidade, adaptados ou não. Fundamento é fundamento, diferente de moda ou maluquice. Há também casas que cortam demais, que se vangloriam do número de animais cortados. Não é a quantidade que faz uma ceia saborosa, digamos assim, mas a qualidade do alimento, o preparo com amor etc.

O desconhecimento e o preconceito levam a projetos de lei visando à proibição do corte. Existem até mesmo fotos de gatos assassinados, em redes sociais, como supostos exemplos de corte.

Na contramão, há terreiros de Candomblé em que dirigentes ou filhos são veterinários e acompanham a criação dos animais.

Se existir algum abuso, por que não criar uma comissão entre sacerdotes candomblecistas, polícia ambiental e sociedade civil organizada para visitar, o que é diferente de fiscalizar, esses terreiros?

Há bairros em que as pessoas, das mais diversas denominações religiosas, comem carne apenas quando o terreiro de Candomblé fornece. Feito o corte, partes específicas do animal têm uso litúrgico, pela circulação do Axé, como por exemplo, para se lavarem instrumentos, guias (colares) etc. A outra parte é comida.

Atividade

Aprofundar-se no diálogo (por vezes debate, por vezes polêmica) sobre o corte no Candomblé e nas tradições de Umbanda que dele se utilizam.

Nesse sentido, nos trabalhos que tenho publicado, trato do corte como fundamento e de experiências outras, como o uso de elementos animais sem o corte, ou experiências diversas como o chamado Candomblé Vegetariano: *Xirê* (2010), *Curso essencial de Umbanda* (2011), *O essencial do Candomblé* (2011), *Para conhecer a Umbanda* (2013), *Para conhecer o Candomblé* (2013), *Xangô* (2013) e *A Bandeira de Oxalá – pelos caminhos da Umbanda* (2013).

PARTE 2

Literatura

Questão de Gênero

Seguem dois textos para colaboração de bate-papos em terreiros, escolas e outros, focando a intertextualidade entre o relato mitológico e a canção de Rita Lee e Roberto de Carvalho.

Texto 1 – As Penas do Ecodidé

Oxalá tinha três mulheres, sendo a principal uma filha de Oxum. As outras duas nutriam grande ciúmes da filha de Oxum, a qual cuidava dos paramentos e das ferramentas de Oxalá.

Sempre buscando prejudicar a filha de Oxum, um dia em que as ferramentas de Oxalá secavam ao sol enquanto a filha de Oxum cuidava de outros afazeres, as outras duas esposas os pegaram e os jogaram ao mar. A filha de Oxum ficou inconsolável.

Uma menina que era criada pela filha de Oxum tentou consolá-la, porém nada animava a principal esposa de Oxalá.

Ouvindo um pescador passando pela rua apregoando seus peixes, a filha de Oxum pediu para a menina comprar alguns para a festa que se organizava. Quando os peixes, foram abertos, ali estavam as ferramentas de Oxalá.

As outras duas esposas de Oxalá não desistiram de prejudicar a filha de Oxum e armaram novo estratagema.

No dia da festa, ao lado do trono de Oxalá, à sua direita, estava a cadeira da esposa principal. Em dado momento, quando ela se ausentou, as outras duas esposas colocaram na cadeira um preparado mágico. Quando a esposa principal de Oxalá se sentou, percebeu que estava sangrando e saiu em disparada. Oxalá, indignado por ela haver quebrado um tabu, expulsou-a.

A filha de Oxum, então, foi à casa de sua mãe, em busca de auxílio. Oxum preparou-lhe um banho de folhas numa bacia. Depois do banho, envolveu a filha em panos limpos e a pôs para descansar numa esteira. A água da bacia, vermelha, havia se transformado nas penas ecodidé, raras e preciosas.

Oxalá gostava muito dessas penas, contudo tinha dificuldade em encontrá-las. Ouviu dizer que Oxum tinha essas penas, pois a filha de Oxum andara aparecendo em algumas festas ornada com penas ecodidé.

Foi, então, à casa de Oxum, onde encontrou a própria esposa, a quem reabilitou.

Então, Oxalá colocou uma pena vermelha em sua testa e decretou que, a partir daquele dia, os iniciados passariam a usar uma pena igual em suas testas, ornando as cabeças raspadas e pintadas, para que os Orixás mais facilmente os identificassem.

Texto 2 – Cor de Rosa Choque

Rita Lee/Roberto de Carvalho[2]

Nas duas faces de Eva
A bela e a fera
Um certo sorriso
De quem nada quer...

---

2. Álbum "Rita Lee e Roberto de Carvalho", 1982.

Sexo frágil
Não foge à luta
E nem só de cama
Vive a mulher...

Por isso não provoque
É Cor de Rosa Choque
Oh! Oh! Oh! Oh! Oh!
Não provoque!
É Cor de Rosa Choque
Não provoque!
É Cor de Rosa Choque
Por isso não provoque
É Cor de Rosa Choque...

Mulher é bicho esquisito
Todo o mês sangra
Um sexto sentido
Maior que a razão
Gata borralheira
Você é princesa
Dondoca é uma espécie
Em extinção...

Por isso não provoque
É Cor de Rosa Choque
Oh! Oh! Oh! Oh! Oh!
Não provoque!
É Cor de Rosa Choque
Não provoque!
É Cor de Rosa Choque
Por isso não provoque
É Cor de Rosa Choque
Oh! Oh! Oh! Oh! Oh!
Não provoque!
É Cor de Rosa Choque
Não provoque!
É Cor de Rosa Choque
Por isso não provoque
É Cor de Rosa Choque...

Para orientar o bate-papo, é importante o mediador valer-se de alguns elementos, como:

- *Objetivos* – Qual a finalidade do bate-papo sobre estes textos etc.? O que se pretende com a atividade?

- *Justificativas* – Por que utilizar-se do bate-papo e destes textos etc.?
- *Estratégias* – Como o bate-papo será conduzido? Haverá, por exemplo, trabalho corporal? E se a turma ficar o tempo todo em silêncio? Por outro lado, e se todos falarem ao mesmo tempo? Caso o tempo não seja suficiente para encerrar o bate-papo, o que será feito?
- *Recursos necessários* – Quais os recursos físicos, materiais e outros envolvidos na atividade?
- *Envolvimento da casa/comunidade/escola* – Como ampliar o alcance da proposta/do projeto?
- *Registro e compartilhamento* – Fotos, filmagens, cadernos coletivos, murais, blogs, jornais impressos etc.

Dessa forma, ter-se-á mais clareza a respeito de como trabalhar as temáticas sugeridas pelo grupo (o masculino, o feminino, as representações de gênero, o ciúme, a inveja, a incompreensão, a menstruação, corpo e espiritualidade etc.).

Temas afins

A partir de leitura e contação de relatos mitológicos envolvendo situações em que Orixás se apresentem como homossexuais ou bissexuais, certamente serão evocadas perguntas, como as que seguem, com orientações de resposta/encaminhamento do bate-papo.

1. Por que há muitos homossexuais na Umbanda e no Candomblé?

Possível resposta: Ao contrário do que comumente se pensa, a homossexualidade é uma orientação sexual do médium, não estando atrelada ao Orixá. Quem tem um Orixá dito metá-metá (energia masculina e feminina), por exemplo, não será necessariamente homossexual ou bissexual.

Por sua vez, a forte presença de homossexuais, tanto masculinos quanto femininos, na Umbanda e no Candomblé (e, claro, em outras religiões) deve-se à acolhida, à compreensão e ao fato de que eles não são segregados, discriminados ou apontados nestas religiões, o que, além de falta de caridade denota infração a diversos direitos civis.

2. Como é o casamento na Umbanda e no Candomblé?

Possível resposta: Enquanto religião constituída, a Umbanda oferece a bênção matrimonial, geralmente feita pelo Guia-Chefe do terreiro ou outra Entidade com a qual trabalhe o dirigente espiritual da casa.

Mesmo em terreiros onde não se registram bênçãos para casais homossexuais, acolhem-se essas relações e, em nome do amor e dos direitos civis, exigem respeito para com os irmãos com essa orientação sexual. Entretanto, há casas onde o matrimônio é oferecido como sacramento tanto para casais homossexuais quanto para casais heterossexuais.

3. Por que há casas de Umbanda em que médium masculino não incorpora entidade com energia feminina?

Possível resposta: Isso acontece por uma questão de equilíbrio energético que nada tem a ver com homossexualidade ou bissexualidade. Segundo orientações espirituais, a mulher suporta com precisão a energia dita feminina de Orixás, Guias e Guardiões. Já o homem tem um choque energético muito grande, que pode abalar sua emotividade. Contudo, tal abordagem em nada invalida a seriedade de casas onde médiuns masculinos incorporam Iabás ou Guias e Guardiões com energia feminina.

4. O que significa metá-metá ou metametá?

Possível resposta: São assim denominados os Orixás de natureza dupla, que carregam a energia masculina e feminina, certamente também pela semelhança com o vocábulo português "metade". Contudo, em iorubá, "méta-méta" significa "três ao mesmo tempo". No caso de Logun-Edé, por exemplo, seria metá-metá, porque traz em si a natureza do pai (Oxóssi) e da mãe (Oxum).

A Universalidade dos Mitos

"Canta a tua aldeia e serás universal."

(Leon Tolstoi)

Para vivenciar a espiritualidade das religiões de matriz africana de maneira plena, é preciso distinguir a letra e o espírito, não apenas no tocante aos mitos e às lendas dos Orixás, mas também aos pontos cantados, aos orikis etc.[3] Quando se

3. Ponto cantado e oriki.

desconsidera esse aspecto, existe a tendência de se desvalorizar o diálogo ecumênico e inter-religioso, assim como a vivência pessoal da fé. O simbólico é um grande instrumento para a reforma íntima, o autoaperfeiçoamento, a evolução.

Ressignificar esses símbolos, seja à luz da fé ou da cultura, é valorizá-los ainda mais, em sua profundidade e também em sua superfície, ou seja, em relação ao espírito e ao corpo, à transcendência e ao cotidiano, uma vez que tais elementos se complementam.

Um ouvinte/leitor mais atento à interpretação arquetípica psicológica (ou psicanalista) certamente se encantará com as camadas interpretativas da versão apresentada para o relato do ciúme que envolve Obá e Oxum em relação ao marido, Xangô.

Os elementos falam por si: Oxum simula cortar as duas orelhas para agradar ao marido; Obá, apenas uma. O ciúme, como forma de apego, é uma demonstração de afeto distorcida unilateral, embora, geralmente, se reproduza no outro, simbioticamente, pela lei de atração dos semelhantes, segundo a qual não há verdugo e vítima, mas cúmplices, muitas vezes inconscientes.

A porção mutilada do ser é a orelha, a qual, na abordagem holística, associa-se ao órgão sexual feminino, ao aspecto do côncavo, e não do convexo. Aliás, *aurícula* (*orelha*, em latim) significa, literalmente, *pequena vagina*. O fato de não haver relação direta entre latim e iorubá apenas reforça que o inconsciente coletivo e a sabedoria ancestral são comuns a todos e independem de tempo e espaço.

* * * * *

A sabedoria ancestral dos relatos mitológicos, como vista no exemplo do trio Obá, Oxum e Xangô, que poderia ser ainda mais aprofundada por outras camadas de leitura e de abordagem de personagens e elementos, tem caráter universal.

São muitos os exemplos, dentre eles os que se referem aos pares complementares das energias feminina e masculina, ying e yang.

Tome-se o exemplo do próprio Xangô, que, aliás, tem três esposas: Obá, Oxum e Iansã (Sobre cada uma delas, vejam-se as descrições que iniciam cada grupo de relatos, por Orixás, em ordem alfabética.). Por vezes, Xangô é retratado como tirano e insensível ao feminino, a ele apenas se sobrepondo, como quando tenta tomar à força Euá (símbolo da virgindade) ou seduzindo e/ou violentando sua mãe adotiva, Iemanjá, ou Nanã, a esposa mais velha de Oxalá (símbolos da maternidade).

Em outros momentos, é retratado intimamente ligado ao feminino ou a ele submetido. Dos diversos relatos a respeito desse Orixá, existe um que se tornou bastante significativo a respeito da integração entre o masculino e o feminino:

> *Xangô fugia de inimigos e foi se esconder na casa de Iansã.*
>
> *Caso fosse pego, perderia a cabeça.*
>
> *Iansã o ajudou com um estratagema: vestiu Xangô com as roupas dela, cortou o próprio cabelo e usou-o para cobrir a*

cabeça do amado. Enfeitou-o, ainda, como se fosse ela.

Iansã anunciou que sairia e, quando o fez, foi muito admirada por todos. Na verdade, era Xangô disfarçado.

Quando os inimigos entenderam o que havia acontecido, já era tarde: Xangô estava salvo.

O masculino travestido de feminino, no relato, pode ser lido como o ato de colocar-se no lugar do outro, com vistas à compreensão de seu oposto complementar. Ao se vestir como Iansã (A esposa com quem mais Xangô apresenta compatibilidade de elementos, pois com ela divide os domínios do fogo, do raio e do trovão, ao mesmo tempo em que a ela se opõe, pois Xangô é Orixá que pulsa tão intensamente a vida, que repulsa o mundo dos mortos, reino em que Iansã se sente à vontade, como se verá num dos relatos.), Xangô, por meio da representação do feminino, reforça o seu masculino, de modo equilibrado e maduro.

Assim, não perde sua cabeça (seu Ori, sua consciência) e não se deixa vencer pelos inimigos (instintos, temores, inconsciência). Como na imagem da balança da justiça, domínio de Xangô, os pratos assumem posições equânimes ou com oscilações compreensíveis rumo ao equilíbrio.

Observe este relato sobre o deus nórdico Thor, inscrito na mesma gama arquetípica de Xangô:

> *Uma interpretação interessante sobre o mito em que Thor, disfarçado de mulher, resgata seu martelo é dada pela escritora Freya Aswynn. Ela afirma que, somente ao assumir sua anima (indicada pelas roupas femininas), Thor consegue resgatar sua verdadeira masculinidade (simbolizada pelo martelo que, como a runa Thurisaz, é uma figura fálica). (FAUR, Mirella. Mistérios nórdicos: deuses, runas, magias, rituais. São Paulo: Pensamento, 2007 p. 86)*
>
> *Costumo dizer em bate-papos e palestras, que não havia WhatsApp, e-mail, nenhum*

desses meios de comunicação instantâneos, o que ajuda a compreender a universalidade dos temas e situações dos relatos mitológicos. Assim, como o romano e o iorubano compreendem de forma semelhante a orelha como referência ao órgão sexual feminino? E o intercâmbio de representações e valores entre Xangô e Thor?

O olhar preconceituoso sobre os relatos mitológicos iorubanos (Africanos, de modo geral, indígenas e outros que não tenham matriz europeia.) quebra-se diante da certeza de que violência, incesto e outros temas são reelaborados de maneira consciente e construtiva pelo ouvinte/leitor como acontece no caso dos chamados contos de fada de origem europeia.

Ponto cantado

Um dos responsáveis pela manutenção da vibração das giras e de outros trabalhos. Verdadeiros mantras, os pontos cantados mobilizam forças da natureza, atraem determinadas vibrações, Orixás, Guias e Guardiões.

Com diversidade, o ponto cantado impregna o ambiente de determinadas energias enquanto o libera de outras finalidades, representa imagens e traduz sentimentos ligados a cada vibração, variando de Orixá para Orixá, Linha para Linha, circunstância para circunstância etc. Aliado ao toque e às palmas, o ponto cantado é um fundamento bastante importante na Umbanda e em seus rituais.

Em linhas gerais, dividem-se em pontos de raiz, trazidos pela Espiritualidade, e terrenos, elaborados por encarnados e apresentados à Espiritualidade, que os ratifica.

Há pontos cantados que migraram para a Música Popular Brasileira (MPB) e canções de MPB que são utilizadas como pontos cantados em muitos templos.

Finalidade dos pontos cantados	
Pontos de abertura e de fechamento de trabalhos.	Cantados no início e no final das sessões.
Pontos de boas-vindas.	Cantados em saudação aos dirigentes de outras casas presentes em uma sessão, convidando-os para, caso desejem, ficarem juntos com o corpo mediúnico.
Pontos de chegada e de despedida.	Cantados para incorporações e desincorporações.
Pontos de consagração do congá.	Cantados em homenagem aos Orixás e aos Guias responsáveis pela direção da casa.

Finalidade dos pontos cantados	
Pontos de cruzamento de linhas e/ou falanges.	Cantados para atrair mais de uma vibração ao mesmo tempo, a fim trabalharem conjuntamente.
Pontos de cruzamento de terreiro.	Cantados quando o terreiro está sendo cruzado para o início da sessão.
Pontos de defumação.	Cantados durante a defumação.
Pontos contra demandas.	Cantados quando, em incorporação, Guias e Entidades acharem necessário.
Pontos de descarrego.	Cantados quando são feitos descarregos.
Pontos de doutrinação.	Cantados para encaminhar um espírito sofredor.
Pontos de firmeza.	Cantados para fortalecer o trabalho que está sendo feito.
Pontos de fluidificação.	Cantados durante os passes ou quando algum elemento está sendo energizado.
Pontos de homenagem.	Cantados para homenagear Orixás, Guias e Guardiões.
Pontos de segurança ou proteção.	Cantados antes do trabalho (e antes dos pontos de firmeza) para proteger a corrente contra más influências.
Pontos de vibração.	Cantados para atrair a vibração de determinado Orixá, Guia ou Entidade.

Oriki

Na definição de Nei Lopes, oriki é uma "espécie de salmo o cântico de louvor da tradição iorubá, usualmente declamado ao ritmo de um tambor, composto para ressaltar atributos e realizações de um orixá, um indivíduo, uma família ou uma cidade.".

Enquanto gênero, o oriki é constantemente trazido da oralitura para a literatura, sofrendo diversas alterações. Uma delas é o chamado orikai, termo cunhado por Arnaldo Xavier, citado por Antonio Risério, para haicai (poema de origem japonesa com características próprias, porém também com uma série de adaptações formais específicas à poesia de cada país) que se apresente com oriki (Especialmente no que tange ao louvor e à ressignificação de atributos dos Orixás).

As Três Faces do Feminino: Menina, Mãe, Matriarca

Bate-papo com crianças de todas as idades

Menina

Oxum é menina que gosta de rios e cachoeiras, sempre dengosa, bem-vestida, aprumada. Adora arrumar os cabelos ao som das águas e se olhar no espelho para ver como está o penteado.

Por onde Oxum passa os peixes também navegam, trazendo um colorido para as águas. Oxum senta-se nas pedras e, com os pés na água, acaricia o dorso dos peixes.

Gosta de dançar na areia, à luz da lua. Pisa mansinho, miudinho, quase não se escutam seus passos.

Os pássaros comem em suas mãos, pois aí se sentem em casa. Sentem também o amor e a doçura de Oxum. Ela gosta de alegria, música, poesia, festa. Quer ver Oxum contente é convidá-la pra uma festa!

Oxum também gosta muito de flores, em especial as amarelas. Imagine sua alegria quanto vê um campo de girassóis! Seus amigos costumam fazer a seguinte surpresa: preparam um balaio bem bonito com flores e vão devagarinho até a beira do rio, colocam o balaio nas águas, batem palmas e cantam. Quando Oxum se vira para ver de onde vem tanta festa, o balaio segue a correnteza em sua direção; ela sorri e abre os braços para receber o presente. Todos ficam muito contentes. Outros preferem colocar rosas perto da cachoeira, que ela recolhe. Há também amigos que preferem plantar flores perto de uma cachoeira, para ela poder passear entre elas, até mesmo se sentar ali, ajeitar a roupa e, claro, alinhar os cabelos.

Quando Oxum caminha, na verdade ela dança! E não poderia ser diferente: o som de suas pulseiras convida o corpo a uma coreografia suave, ritmada.

Seu sorriso é sincero, acolhedor. Porém, como não existem apenas águas calmas, mas corredeiras fortes e rodamoinhos, Oxum também se zanga, em especial com toda a sujeira, todo o lixo jogados sem suas águas. Então seu olhar fica firme, ela bota a mão na cintura, bate o pezinho e aponta o dedo na direção dos sujismundos, pedindo que tomem mais cuidado com os rios, as nascentes, enfim com as águas. Ensina as crianças a não escovarem os dentes com a torneira aberta, a beberem água enquanto brincam e estudam, a não entrarem em águas onde não dá pé e a correnteza é braba.

No geral, Oxum resolve tudo na maior calma. Um dia alguém estava muito nervoso e queria discutir com Oxum. Ela deixou a pessoa esperando um bocado de tempo enquanto arrumava os cabelos, ajeitava as pulseiras, enfim. Quando terminou de se arrumar, a pessoa já havia ido embora e nem estava mais irritada.

Oxum adora comer com os amigos, à beira d´água, curtindo a paisagem. Gosta muito de banana frita e ipeté (feito à base de inhame), omolucum (prato preparado com feijão-fradinho), moqueca e pirão de peixe. De sobremesa, prefere quindim, aquele bem-feitinho, parecendo um sol.

Assim é Oxum, essa menina.

Mãe

Iemanjá adora uma praia. Pode ser vista no mar, descansando nas pedras, caminhando lentamente pela areia, sempre formosa, altiva, atenta a seus filhos e aos pescadores, jangadeiros, surfistas, a todos que elegem o mar como seu santuário. Conhece o ritmo das ondas, os segredos das ondas, a localização de tesouros perdidos, as qualidades dos peixes. Em suas mãos, até os tubarões se amansam. As baleias cantam para Iemanjá, à noite, para ela dormir. Os golfinhos fazem acrobacias quando ela acorda e se espreguiça enquanto o Sol se abre.

Mãe dos peixes até no nome (Iemanjá significa "Mãe cujos filhos são peixes".), adora dançar. Por isso coordena a coreografia de seus filhos peixes e humanos, assim como a dança das ondas, das marés, das ressacas.

Festa de Iemanjá é sinônimo de alegria, pois a mãe é muito querida. Festa para mãe tem sempre muita gente, não é? Com Iemanjá não seria diferente, basta olhar o tamanho do quintal dela: todo o litoral brasileiro! Por ser mãe experiente, sabe orientar para que as famílias, as uniões todas, os lares sejam harmoniosos, abençoados pela água e pelo sal. E os filhos gostam de ver a mãe sempre bonita, por isso lhe dão flores e perfumes.

Agora, quem nunca viu uma mãe irritada? Quando Iemanjá encontra sujeira na praia (no mar, na areia, nas pedras), fica muito braba, chama atenção, dá sermão, bota as mãos na cintura, inclina o corpo, aponta o dedo, ai, ai. Faz as ondas trazerem a sujeira de volta para que os filhos recolham sozinhos, como crianças que têm de aprender a guardar os brinquedos. É mãe carinhosa, mas não mima filho nenhum...

Sábia e experiente, Iemanjá não é mulher de fugir de problemas. Os mais velhos contam que o Sol andava muito cansado de tanto brilhar. Além disso, tudo andava se queimando na Terra. Então Iemanjá propôs ao Sol que descansasse. Com alguns raios de Sol que havia guardado por debaixo da saia, ela fez um novo astro, mais suave, menos intenso, que passou a iluminar e refrescar a Terra enquanto o Sol dormia: a Lua. Enquanto o Sol dorme, as estrelas velam seu sono e a Lua dá conta do recado. No dia seguinte, tudo recomeça. Iemanjá, do mar e das pedras, contempla satisfeita sua invenção.

Iemanjá gosta de rosas e palmas brancas, crisântemos também brancos, orquídeas, angélicas. Mulher vaidosa, geralmente se veste de azul, como o mar (e o mar não parece uma extensão do vestido de Iemanjá?). Às vezes, aparece como sereia, e a coisa mais linda é vê-la penteando os cabelos à luz da Lua ou de algum farol.

Os filhos lhe fazem festa com seus pratos preferidos: arroz, canjica, camarão, peixe. De sobremesa, gosta de mamão, mas não dispensa um bom manjar, afinal festa é festa!

Assim é Iemanjá, essa mãe.

Matriarca

Nanã é a avó a quem tomos tomam a bênção. É a matriarca doce e firme que protege filhos e netos. Velhinha bastante animada, adora dançar, com seus passos lentos.

Como seu ritmo é mais suave, Nanã gosta de viver mais recolhida, onde houver águas paradas, em águas profundas, nos lagos e nos pântanos, por exemplo. Também pode ser vista passeando nos cemitérios, como a lembrar a todos nós que nossos corpos um dia vão se juntar a terra, ao pó, à lama.

Carrega sempre consigo o ibiri — uma espécie de feixe de ramos de folhas de palmeiras, com a ponta recurvada e enfeitado com búzios. Com ele nos braços, como a embalar um bebê, Nanã faz sua coreografia, em especial na chuva e na garoa: é uma avozinha radical!

Anda sempre arrumadinha, alinhada, não gosta de sujeira ou bagunça. Sua cor preferida é o roxo, ou mesmo o lilás. Gosta muito de receber flores com essas cores. Não dispensa um bom prato: aberum (milho torrado e pilado), feijão-preto com purê de batata doce e, de sobremesa, mungunzá (canjica).

Os mais velhos contam que, quando recebeu ordens de Olorum (Deus Supremo) para criar o homem, Oxalá (Pai Maior dos Orixás) se utilizou, sem sucesso, de várias matérias-primas. Tentou o ar, mas o homem se desfez rapidamente. Experimentou a madeira, mas o homem ficou muito duro.

O mesmo, e com mais intensidade, aconteceu com a pedra. Com o fogo, nada feito, pois o homem se consumiu.

Oxalá tentou outros elementos, como água e azeite. Nada funcionava. Então Nanã, com seu ibiri, apontou para o fundo do lago e de lá retirou a lama que entregou a Oxalá para ele fazer o homem. Deu certo: o homem foi modelado de barro e, com o sopro de Olorum, ganhou vida. Por isso, quando morre, o corpo físico do ser humano retorna a terra de onde veio por empréstimo de Nanã, aquela que passeia pelos cemitérios.

Assim é Nanã, essa matriarca.

PARTE 3

Bate-Papos

De Livros e Vídeos Sagrados[4]

Segundo o *Novo Dicionário de Umbanda* (São Paulo: Universo dos Livros, 2014, p. 247), religião é um "conjunto de crenças religiosas e procedimentos com vistas a promover a re(ligação) individual e coletiva com o Divino."

---

4. Além de o juiz ter revisto sua argumentação, posteriormente o Ministério Público conseguiu a retirada dos vídeos ofensivos.

As definições podem variar, contudo, com um olhar ao mesmo tempo objetivo e compassivo, nunca serão excludentes.

A afirmação do juiz federal Eugênio Rosa de Araújo, segundo quem Umbanda e Candomblé não são religiões por não possuírem um livro único e sagrado, como a Bíblia ou o Alcorão, atinge não apenas essas religiões, mas outras tantas espalhadas pelo mundo e que se constituem e organizam de maneiras diversas, por vezes ágrafas. Já a afirmação de que Umbanda e Candomblé não possuem hierarquia e um Deus, além de preconceituosa, provoca compaixão por ser tão carregada de ignorância (isto é, "não saber").

Assim como tantas religiões, Umbanda e Candomblé não possuem uma liderança mundial, contudo apresentam hierarquia definida e associações colegiadas, como federações e tantas outras.

Umbanda e Candomblé são religiões monoteístas, que cultuam um único princípio divino, com nomes diversos, conforme as diversas tradições e origens, o qual se manifesta de inúmeras maneiras, dentre elas por meio das divindades conhecidas como Orixás (Ketu), Inquices (Angola) ou Voduns (Jeje).

Além disso, as religiões afro-brasileiras possuem sistemas teológicos riquíssimos, os quais, evidentemente, não caberiam em apenas um parágrafo. Ao reconhecer a improcedência de sua argumentação, o juiz caminhou um passo a mais para o diálogo cidadão.

A decisão do juiz federal data de 28 de abril deste ano, quando negou o pedido do Ministério Público Federal para que fossem retirados do Youtube textos ofensivos às religiões afro-brasileiras. Tanto a negativa ao pedido do MPF quanto a falha argumentação do magistrado reforçam o olhar preconceituoso, agressivo e excludente de boa parte da sociedade brasileira para com a Umbanda, o Candomblé e uma série de outras religiões constituídas e/ou tradições espiritualistas.

Ter a sua fé associada ao Mal, deturpada em paródias e montagens na internet a serviço de outros segmentos religiosos pode ser engraçado para os que vestem a capa sacerdotal do proselitismo econômico e de tantos valores negativos cultuados pelos que se acham os únicos abençoados por Deus. Essa religião tem hierarquia, livros (e vídeos) sagrados e um único deus, o qual, como em diversas tradições, se apresenta trinitário, isto é, com três faces: Ódio, Intolerância e Desrespeito.

Apesar dos diversos marcos legais que garantem a liberdade de culto para os adeptos das religiões afro-brasileiras (em especial a Constituição e o Estatuto da Igualdade Racial), convive-se, no Brasil, com a discriminação nos locais de trabalho, agressões de vários níveis, execuções sumárias, proibições de culto em comunidades dominadas por traficantes, destruição de templos, dentre outros, conforme relatei em e-mail de 12 de maio último, véspera da Festa dos Pretos-Velhos, ao Conselho de Direitos Humanos da ONU (UNHRC).

Como num estado laico religião também é questão de cidadania, espera-se de cada cidadão um olhar respeitoso e fraterno para com aqueles que professam e celebram a fé de maneiras diferentes das suas. Não existe guerra santa, mas apenas guerra e, sempre que impera o totalitarismo, livros (sagrados ou não) e seres humanos acabam em fogueiras, postes, câmaras de gás e outros. O que define uma religião é a vivência compartilhada do amor. Haverá, portanto, livro (ou vídeo) sagrado que sacramente a trindade Ódio, Desrespeito e Intolerância?

Novo Dicionário de Umbanda: Livro Sagrado ou Pai dos Burros?

Após pesquisa e formatação de dados, finalmente lançamos em formato de e-book o *Novo Dicionário de Umbanda* (Editora Universo dos Livros). Com 325 páginas e farta bibliografia, o livro é vendido por meio de diversos aplicativos e canais. Como autor, sonho com a versão impressa.

O *Novo Dicionário de Umbanda* não pretende abarcar toda a riqueza da diversidade do vocabulário umbandista em território nacional e no exterior, muito menos de suas variações litúrgicas, de vestimentas, de calendário, de fundamentos etc., as quais muitas vezes variam de casa para casa, de segmento para segmento.

É chamado de "Novo Dicionário" porque não é o primeiro a ser publicado. É o primeiro a privilegiar verbetes especificamente da Umbanda, os quais, em trabalhos anteriores, aparecem misturados aos de outras religiões afro-brasileiras, o que dificulta a identificação por parte do leitor desacostumado à vivência nos terreiros de Umbanda, Candomblé e outras religiões irmãs.

Como critério de seleção, optou-se pelos vocábulos de maior ocorrência, contudo sem desprezar regionalismos, variantes e outros. Vocábulos específicos dos Cultos de Nação aparecem na lista, ou porque fazem parte do cotidiano de algumas casas de Umbanda, ou porque se referem a práticas comuns nas casas ditas cruzadas.

Sempre que se julgou necessário para a melhor compreensão, apontou-se para a etimologia, em especial de termos relacionados aos Cultos de Nação ou de vocábulos que migraram das casas de Candomblé diretamente para a língua portuguesa e/ou para o ritual de Umbanda.

Os vocábulos, de modo geral, dividem-se em três grupos: a) os de caráter eminentemente de definição; b) os enciclopédicos e c) os remissivos.

Planejado e concebido não apenas para adeptos, mas para interessados em geral e pesquisadores de áreas diversas, o "Novo Dicionário" apresenta, sobretudo, a parte exotérica (externa) da Umbanda, respeitando seus aspectos esotéricos (internos). Dessa forma, o leitor encontrará informações sobre o porquê de oferendas, mas não receitas de como fazê-las, por várias razões, inclusive pela diversidade reinante em cada templo. Terá acesso à importância dos chamados pontos riscados, contudo não os verá desenhados indistintamente.

Para os adeptos das religiões afro-brasileiras, religião se aprende no cotidiano dos terreiros.

Livros, palestras e cursos são complementares, auxiliam a compreender melhor as próprias religiões, seu histórico e suas características. Recentemente, um juiz federal usou como um dos argumentos para sustentar que Umbanda e Candomblé não são religiões o fato de não terem um livro sagrado.

Ofendeu (e até se retratou em sua argumentação) não apenas essas religiões, mas todas as outras que se organizam sem um livro sagrado e único, na maioria das vezes por tradição oral e de modo ágrafo. Vale lembrar que um dicionário não é um livro sagrado. Nem "pai dos burros".

Possa o *Novo Dicionário de Umbanda* ajudar a contar a riquíssima história do Povo de Santo no Brasil, contribuindo para diminuir a intolerância, o desrespeito e a ignorância (desconhecimento) para com sua fé, sua liturgia e seus valores. Possa o leitor ler este trabalho com a mesma compaixão com os que os Orixás velam por seus filhos.

Axé!

Abeafro e Copa do Mundo: Gol de Cabeça

A Associação Brasileira de Escritores Afro-religiosos (Abeafro) reúne escritores, blogueiros, editores, pesquisadores e leitores interessados na cultura das chamadas religiões de matriz africana de todo o país.

Fundada em 24 de dezembro de 2013, tem como vice-presidente Giovani Martins (Florianópolis – SC), secretária Joice Piacente (São Paulo – SP) e como diretor de relações institucionais João Carlos Galerani (Campinas – SP).

Em parceria com diversos órgãos e instituições, a Abeafro busca fazer valer, conforme a legislação em vigor, o direito de assistência espiritual (popularmente conhecido como capelania) aos adeptos das religiões de matriz africana que estejam em hospitais, presídios, casas de acolhimento (qualquer faixa etária) e outros.

Também dialoga para que as bibliotecas dessas instituições disponibilizem livros escritos por autores afro-religiosos, pois, se por um lado, nas religiões de matriz africana predomina a oralidade, por outro, existem diversas publicações que servem de alimento espiritual não apenas a seus adeptos, mas a todos os que nelas buscam conforto e autoaperfeiçoamento.

A Abeafro estimula e apoia a criação de bibliotecas em casas religiosas de matriz africana, colocando-se à disposição para assessorar a implementação, a organização etc. e contatar editoras e autores, dentre outras ações. Ainda são poucas as casas que possuem uma biblioteca constantemente alimentada e aberta à população, como a da Tenda de Umbanda Pai Joaquim d´Angola e Exu Tiriri, de Limeira (SP), coordenada por Pai Evandro Fernandes, e da qual eu sou sócio.

Dentre os principais eventos da Abeafro no 1º semestre de 2014 foi seu 1º Congresso, que aconteceu na Fazenda Roseira, em Campinas, no dia 14 de junho, e foi incluído na série de eventos de recepção à Seleção da Nigéria, que se hospedou em Campinas para participar da Copa do Mundo.

Para nós, associar a Abeafro à acolhida à Seleção da Nigéria teve um sabor especial, pois em território nigeriano localiza-se o que se chama carinhosamente de Iorubalândia, de onde migrou o culto da maioria dos Orixás conhecidos no Brasil, bem como homens e mulheres que constituíram em nosso país diversas Nações de Candomblé, dentre elas Ketu, Nagô e Efon. Todos nós, umbandistas, candomblecistas de diversas Nações (Não apenas as originárias da Iorubalândia, mas também Angola, Jeje e as demais.) e religiosos de matriz africana de outros segmentos (como Catimbó, Vale do Amanhecer, Culto a Ifá etc.) recebemos os irmãos nigerianos de braços e corações abertos.

Na riquíssima cultura, mitologia, teologia e espiritualidade iorubá, Ori é a cabeça humana, receptáculo do conhecimento e do espírito. É tão importante que cada Orixá tem seu Ori. Trata-se da consciência presente em toda a natureza e seus elementos, guiada pelo Orixá (força específica). Aliás, uma possível e simplificada tradução para o vocábulo "Orixá" seria "Senhor da Cabeça". Ter a oportunidade de participar da acolhida à seleção nigeriana, ajudando-a se se sentir em casa, para nós, da Abeafro, foi marcar nosso primeiro gol. De cabeça. De Ori.

Afinal, o que deseja o Povo de Santo?

Historicamente, desde quando os escravizados tinham de cultuar seus Orixás às escondidas, o Povo de Santo tem buscado maneiras de se organizar e fazer-se respeitar e reconhecer. Contudo, parece que foi necessário um magistrado federal, em pleno século XXI, mostrar-se conivente com vídeos preconceituosos para com as religiões de matriz africana e demonstrar insensibilidade e desconhecimento ao justificar sua decisão (de cuja argumentação se retratou) para que uma parcela significativamente maior da sociedade se apercebesse de que o Povo de Santo sofre pesada discriminação nos locais de trabalho, agressões verbais e físicas na vivência de sua fé, destruição de seus templos e perseguição de níveis diversos.

Nesse contexto, estranhamente, algumas supostas "autoridades" sobre o Povo de Santo se arvoraram no direito de serem porta-vozes de umbandistas, candomblecistas, catimbozeiros, juremeiros e outros segmentos.

Passada a fase das Conferências pela Igualdade Racial (2013) e em plena efervescência da elaboração dos Planos Municipais para Promoção da Igualdade Étnico-racial, cabe a pergunta: afinal, o que deseja o Povo de Santo?

Sem a pretensão de responder por todo o Povo de Santo, após diversas vivências, conversas e observações, listei sete ações que, se empreendidas pelo poder público, pela sociedade civil organizada e por instituições representativas do Povo Santo promoverão grande avanço, inclusive de acordo com a legislação vigente, fazendo a roda girar, em vez de reinventá-la.

1. Promoção de oficinas e workshops nas redes pública e privada de ensino (do Fundamental ao Superior) a respeito da laicidade do Estado e sobre as Leis 10639/03 e 11645/08, em especial no tocante à história, às características e às peculiaridades do Povo de Santo. Para que as leis realmente sejam cumpridas no que tange à complexidade do Povo de Santo, é necessário os professores distinguirem, por exemplo, conceitos como "religião" e "seita", fazerem visitas monitoradas a templos religiosos, conversar com sacerdotes, aprofundar conhecimentos partilhados por meio da oralidade etc.

2. Criação de Frentes Parlamentares Inter-religiosas nas instâncias em que ainda não existirem. Num Estado realmente laico, religião é questão de cidadania, em especial quando determinados segmentos religiosos

empreendem verdadeira guerra (que pode ser tudo, menos santa) contra outros historicamente marginalizados ou excluídos.

3. Criação de Fóruns Inter-religiosos Municipais de caráter permanente, visando à cultura de paz e ao diálogo pelo bem comum.

4. Requisição ao poder público (federal, estadual e/ou municipal) da cessão permanente de áreas a serem administradas por comissão representativa do Povo de Santo, juntamente com os Conselhos, Coordenadorias e Secretarias da Igualdade Racial para, dentre outros, celebrações litúrgicas, cultivo de plantas e ervas e manutenção como parque ecológico. Toda sabedoria ancestral afro-brasileira seria, assim, colocada indistintamente a serviço da comunidade, que dela poderia se beneficiar em vez de discriminá-la ou temê-la.

5. Com o apoio do IBGE, os Conselhos da Igualdade Racial, Coordenadorias e Secretarias

cadastrarão com mais precisão os templos das religiões de matriz africana, riquíssima e de uma diversidade ímpar quanto a origem, organização, liturgia etc.

6. Estimular os terreiros à regularização documental, à requisição de certificado de utilidade pública e, conforme o caso e a legislação vigente, ao tombamento.

7. Além do cadastramento e do pedido de tombamento (conforme o caso e a legislação vigente), apresentar projetos para que templos sejam transformados em pontos de cultura, regulamentando e abrindo novas oportunidades para casas que já funcionam como centros culturais para a comunidade do entorno.

Além de história, fundamento e valor, o Povo de Santo também tem propostas e argumentos. É tempo de ouvi-lo com mais sabedoria, sem se entregar ao senso comum, ao desconhecimento, ao preconceito. Como reza célebre provérbio iorubá, "enu eja pa eja", que, em tradução livre, significa "O peixe morre pela boca.".

Axé!

Abeafro: Identidade e Serviço

Para os adeptos das religiões afro-brasileiras, religião se aprende no cotidiano dos terreiros. Livros, palestras e cursos são complementares, auxiliam a compreender melhor as próprias religiões, seu histórico e suas características.

Recentemente, um juiz federal usou como um dos argumentos para sustentar que Umbanda e Candomblé não são religiões o fato de não terem um livro sagrado. Ofendeu (e até se retratou em sua argumentação) não apenas essas religiões, mas todas as outras que se organizam sem um livro sagrado e único, na maioria das vezes por tradição oral e de modo ágrafo. Nesse contexto, qual a importância de se criar a Associação Brasileira de Escritores Afro-religiosos (Abeafro)?

Talvez a resposta mais direta esteja não em seu histórico de fundação (23/12/2013) ou em seu estatuto, mas nas principais ações escolhidas para 2014-2015, durante seu primeiro congresso, realizado em 14 de junho de 2014, na Fazenda Roseira, em Campinas, reunindo escritores, blogueiros, poetas, editores de revista, jornalistas, umbandistas, candomblecistas, jongueiros e tantos outros amigos e irmãos:

1. Solicitação às livrarias da seção (estante ou prateleira) "Religiões de Matriz Africana";

2. Elaboração de publicação sobre a espiritualidade afro-brasileira, em suas diversas vertentes, para distribuição em hospitais, presídios, casas de acolhimento e outros;

3. Solicitação às editoras de elaboração de livros sobre as religiões de matriz africana em Braille e gravados (áudio-livros);
4. Criação da biblioteca temática na Fazenda Roseira (Campinas – SP), com parte do acervo itinerante;
5. Compartilhamento de resenhas sobre livros a respeito das religiões de matriz africana em publicações diversas;
6. Contação de histórias com temática da cultura afro-brasileira, incluída aí a riquíssima mitologia dos Orixás, Inquices e Voduns, para crianças em hospitais, creches, bibliotecas, casas de acolhimento e outros;
7. Criação do selo editorial Abeafro;
8. Organização de saraus literário-culturais;
9. Apoio à criação de bibliotecas temáticas em terreiros.

A luta é muito grande e o diálogo necessário. Na semana do 1º Congresso da Associação Brasileira de Escritores Afro-religiosos (Abeafro), postei na página de uma livraria de Piracicaba um parágrafo segundo o qual a Abeafro apoia o manifesto do escritor umbandista André Cozta solicitando às livrarias para que haja uma seção específica para a literatura umbandista. Aliás, como visto, no Congresso da Abeafro, em 14/6/14, a proposta se ampliou para uma seção sobre religiões de matriz africana.

Para minha surpresa, a partir daquela postagem, a livraria me excluiu e bloqueou no Facebook. Obviamente a loja não é obrigada a aceitar minha postagem e poderia ter me informado a respeito, mas o que justifica a exclusão e o bloqueio de meu perfil?

Mais que um sonho, a Abeafro é uma realidade. Que os Orixás, Guias e Guardiões nos auxiliem nesta luta que é de paz, e não de guerra.

Axé!

Exu Shakira?

Há pessoas que nunca pisaram num terreiro de Umbanda ou Candomblé, dentre outras religiões tão discriminadas pelo senso comum, e gastam tantas palavras com seus pré-conceitos (chegando até a "explicar" fundamentos...) sem se esforçarem uma vírgula para procurar saber, ouvir, dialogar, compreender e – que dirá! – respeitar e amar seus irmãos (por mais que os reneguem...) umbandistas e candomblecistas.

Orixá é chamado de "encosto", Erê é chamado de "mortinho", Exu é associado ao Mal etc.

Recentemente, numa pesquisa, encontrei um vídeo em que a cantora e dançarina colombiana Shakira era chamada (evidentemente, de modo pejorativo) de "macumbeira". Noutro vídeo, à imagem de uma sua coreografia foi sobreposto o áudio de um ponto cantado do Sr. Exu Caveirinha. Ambos os vídeos foram postados pelo mesmo segmento religioso.

O que a Espiritualidade nos ensina a respeito? Que as pessoas/os irmãos que nos detratam são sempre bem vindas/bem vindos. Devemos sempre estar abertos à acolhida e, ao mesmo tempo, fazer valer nossos direitos com organização, respeito, dignidade e, antes de tudo, com amor (próprio e ao próximo). Afinal (e repito isso à exaustão), num estado laico, religião é questão de cidadania. Não é isso o que me preocupa.

O que me preocupa é os irmãos que atacam ferozmente nossas religiões acreditarem que, para haver incorporação, o médium tem de ter o corpo flexível como o da Shakira.

Meus irmãos, haja ioga, pilates, dança do ventre, musculação etc.! Tenham certeza: a Espiritualidade, sim, é extremamente flexível e tem um jogo de cintura enorme. Bem maior, aliás, que o da Shakira.

Rir (ainda) é o melhor remédio!

Axé!

Sotaque Umbandista

Costumo dizer que religiões são como línguas. Assim como cada país tem ao menos uma língua oficial, com inúmeras variantes, cada segmento religioso ("país") tem a sua. Por vezes, alguém se muda de "país" (segmento religioso) e adota uma nova "língua", ou, dentro de um mesmo "país", adota outra "língua", que não a oficial. Há muitas formas possíveis de migração.

Para favorecer o diálogo e a troca de experiências, é interessante aprender as línguas de outros "países" (segmentos religiosos).

Ao contrário do que muitos pensam, esse aprendizado não enfraquece a identidade de ninguém, mas a apresenta globalmente e a reforça. No meu caso, por exemplo, no "país" (segmento religioso) onde estiver em visita, comunicando-me e dialogando na "língua" desse "país", em qualquer variante, sempre será possível identificar o meu sotaque. Sotaque umbandista.

Religiões de Matriz Africana e Preconceito na Família

No Brasil, a discriminação das chamadas religiões de matriz africana, historicamente, supera o preconceito em relação a outros segmentos religiosos e/ou espiritualistas também marginalizados, excluídos, estereotipados pelo senso comum e pela ignorância (literalmente, "não conhecimento", "desconhecimento").

Certamente um traço de união entre todos esses segmentos literalmente demonizados é a dor de sentir-se discriminado na própria família.

Acusações em vez de conversa, apontamentos em vez de reflexões amorosas, questionamentos obtusos em vez de perguntas, simplesmente afastam as possibilidades de diálogo e de integração. Nesse sentido, tenho recolhido uma série de depoimentos, que acabam por servir terapeuticamente como válvula de escape, alívio e afirmação da própria identidade perante a família e a comunidade em geral.

A título de exemplos: o umbandista chamado de fanático por familiar em casa de parentes, durante um cafezinho de domingo; outro, também umbandista, que, desempregado, era constantemente alvo de críticas, segundo as quais, estava sem trabalho oficial e renda por não procurar recolocação profissional e dedicar-se desequilibradamente à vida espiritual; o Ogã (Candomblé) cuja família não foi a sua saída, em município distante, contudo certamente teria comparecido à sua ordenação sacerdotal quando o mesmo professava a fé católica; outro umbandista que conseguiu unir a família espírita ("kardecista") em torno do Evangelho no Lar, embora familiares questionassem sua forma de vivenciar a espiritualidade.

Imagine-se o desconforto e a dor desses irmãos, alguns dos quais vivenciam ao mesmo tempo todas essas histórias e outras na própria pele e no mesmo núcleo familiar!

A arrogância e o farisaísmo arrotam sem pudores a superioridade de uma expressão religiosa/espiritual sobre as demais, nunca a compaixão, a razão, o diálogo e a (tentativa) de aproximação.

Como registrei num de meus artigos, Deus é poliglota e cada religião é uma língua diferente, sendo o Princípio Divino fluente em todas. Para melhorar nossa comunicação, podemos aprender um pouco a língua do outro e respeitá-la. Contudo, enquanto muitos preferirem o silêncio julgador da indiferença ou a Babel acusatória, continuará difícil entabular diálogo. Inclusive dentro de casa e em festas familiares.

Conforme célebre provérbio iorubá, "enu eja pa eja". Em tradução livre: "O peixe morre pela boca."

Axé!

Trauma e Recomeço

Tradição, autoridade e autoritarismo

Nas religiões de matriz africana, de modo geral, os mais novos devotam respeito aos mais velhos, enquanto os mais velhos respeitam os mais novos. Essa tradição, que visa ao equilíbrio, por vezes se vê adulterada pelo autoritarismo.

Num terreiro, todos são líderes, cada qual em sua área de atuação, do irmão mais novo na casa ao dirigente espiritual. Essa liderança deve ser exercida amorosamente, a exemplo do Mestre Jesus, o qual, simbolicamente lavou os pés dos Apóstolos.

Vale lembrar que autoridade significa responsabilidade. Como diz um lindo ponto cantado de Caboclos, “Na minha aldeia, lá na Jurema/ninguém faz nada sem ordem suprema.”.

Bullying espiritual

Alguns exemplos que desestruturam a vida espiritual de um terreiro:

a) Não se respeitar a formação de médium, seja dirigente espiritual, membro da corrente ou egresso de outra casa;

b) Querer passar à frente da direção espiritual da casa;

c) Boicotar médiuns sob a alegação de que pretendem passar à frente da direção espiritual da casa;

d) Gritar, xingar, agir com agressividade e prepotência;

e) Atropelar orientações dadas pelo Guia-Chefe da casa, impondo-lhe opinião própria e/ou adulterada.

Lembro-me da história de uma dirigente espiritual que tratava um médium egresso de outra casa com muita diferença e, por vezes, indiferença. Numa gira, a casa estava lotada, o médium estava com muita dor de cabeça e não bateu cabeça durante a gira para um Orixá.

A dirigente espiritual disse com sarcasmo que ele deveria bater cabeça, pois todos sabiam que ele era capaz de fazer aquilo. Pela lógica, se o médium batia cabeça em todas as giras, não seria a conclusão natural perceber que havia algo errado? Além disso, por que interpelá-lo em público? Tal atitude feriu a relação de confiança e, pelo constrangimento impingindo ao médium, artigos da legislação vigente. O médium optou por esperar por momento mais adequado para conversar a respeito com a dirigente espiritual, sem esperança de sucesso.

Marmota ou Marmotagem

Em linhas gerais, trata-se de atitudes extravagantes que fogem aos fundamentos das religiões de matriz africana.

A marmotagem não deve ser confundida com a diversidade de elaboração e expressão de fundamentos religiosos.

Exemplos de marmotagem: simulação de incorporação; pombogira fazendo compras em shopping center; baianos e boiadeiros bebendo em barracas de praia durante festa de Iemanjá; Caboclo ensinando filho-de-santo a usar máquina fotográfica durante uma gira; Preto-Velho passando número de celular de médium para consulente etc.

Quantas pessoas são vítimas de falsos sacerdotes ou médiuns desequilibrados que prestam grande desserviço às religiões de matriz africana, além de alimentar a incredulidade, a dor e, por vezes, sentimentos ainda mais negativos entre os que são enganados. Certamente há também os que comungam da energia da marmotagem, uma vez que procuram os que lhes façam "amarrações" e outros absurdos que ferem o livre-arbítrio, a lógica, a Lei Divina.

Trauma e recomeço

Desligar-se de uma família de Santo não é o mesmo que deixar a casa de origem para começar nova família. Ao contrário, corresponde a um divórcio: por mais amigável que seja, há sempre trauma, apontamentos, olhares enviesados, acusações etc.

Se, por um lado, há filhos de Santo ingratos e desrespeitosos, também existem dirigentes espirituais que, infelizmente, não desenvolveram o tato, a diplomacia, a gentileza.

Em ambos os casos, apela-se para a experiência espiritual como substituto à convivência humana e fraterna, de modo a minimizar as dores emocionais e psicológicas. Obviamente, a estratégia não funciona.

Filiar-se a uma família de Santo é uma relação de confiança, não necessariamente de territorialidade. Dificilmente o membro de uma comunidade deixará de frequentá-la porque foi aberto um terreiro perto de sua casa. Não existem paróquias nas religiões de matriz africana: trata-se de famílias. E os membros de uma família residem perto ou longe, reunindo-se periodicamente.

Dessa forma, desfiliar-se representa desligar-se da orientação espiritual e da condução da coroa de um médium, que poderá cessar seu desenvolvimento, seu trabalho ou procurar nova casa, além de, como tem sido cada vez mais comum, com ou sem preparo adequado, abrir a própria casa.

Por outro lado, se a convivência fraterna se torna insustentável ou a confiança é quebrada por abuso de poder, marmotagem, ou outra razão, o desligamento pode significar o recomeço ou a retomada da vida espiritual em comum, com alegria, esperança e o exercício do perdão. A justa medida, da qual conhecemos ainda apenas vislumbres, caminha lado a lado com a compaixão.

Existe um "Umbandan Way of Life"?

A Umbanda não é uma grife, embora muitos tentem elitizá-la, distanciando-a de suas origens e de seu objetivo primeiro enquanto instrumento sagrado de religação com o Divino, de autoaperfeiçoamento e de serviço ao próximo.

Não importa o tamanho da construção e se tem o nome de tenda (Como as casas fundadas pelo Caboclo das Sete Encruzilhadas e tantas outras, para lembrar a importância do acolhimento e da humildade.), templo, cantinho, núcleo ou outro, inclusive derivado dos Cultos de Nação. Toda casa de Umbanda descende dos agrupamentos feitos em grotões, quartinhos, taperas, como pontos de luz, ousadia e resistência.

Tal qual a manjedoura do Mestre Jesus, com o qual se sincretiza Oxalá, consagrada pela Luz Divina, uma casa de Umbanda carece de boas energias, limpeza, beleza, simplicidade, o máximo de conforto possível e disponível para todos, mas não de brilho, fausto, ostentação.

O serviço mediúnico na Umbanda, como, aliás, em toda religião, pressupõe humildade, mas nunca humilhação, exercício de autoridade (coordenação) em várias funções, nem autoritarismo, imposições, culpabilizações, terrorismo psicológico e outros.

Vale lembrar que todos somos médiuns, com dons diversos a serem desenvolvidos. Imagine-se o débito cármico daquele que se utiliza da autoridade de modo abusivo, do medo, de boicotes e outros para manipular seus irmãos e/ou impedir, bloquear ou supostamente "atrasar" seu desenvolvimento como indivíduo e médium de Umbanda.

Umbanda é amor, alegria e confraternização. Sua espiritualidade a aproxima do cotidiano. Não se pode vivenciar a espiritualidade umbandista de modo dissociado, extraindo-se a alegria, a realização, a plenitude, a compaixão. Além disso, de que adiantará ser "um" na gira e "outro" na rua?

Que contrassenso um umbandista colaborar com a limpeza do terreiro, mas, por exemplo, sujar os pontos de força dos Orixás, Guias e Guardiões, jogar latinhas de cerveja no mar após um dia de praia e descuidar do próprio corpo, congá primeiro escolhido por sua Banda para atuar no plano físico, seja pela incorporação, seja por outros dons mediúnicos.

A Umbanda é uma senzala de luz voltada para a libertação holística (corpo, mente, espírito). Se existe um modo de viver umbandista é o de levar a gira para o cotidiano, com alegria, desenvoltura, companheirismo, aceitação, com vistas à realização plena do indivíduo e da coletividade. Em outras palavras, cada um e todos crescendo juntos.

Um agrupamento umbandista que, apesar do trabalho incessante da Espiritualidade, não permita o pleno desenvolvimento de seus membros e se perca em minúcias de protocolo, e não em gestos de amor; em "ritualices", e não em rituais fundamentados; no personalismo, e não no respeito à diversidade certamente não será tenda, templo, cantinho ou outro, mas Castelo de Caras, com direito a *Umbandan Fashion Week* a cada gira e onde o suposto *Umbandan way of life* acabará por expulsar Orixás, Guias, Guardiões, umbandistas e irmãos da assistência que desejam aproximar-se cada vez mais da Luz Divina, sendo também cada um e todos pontos de propagação da mesma.

Bibliografia

Livros

AFLALO, Fred. *Candomblé: uma visão do mundo*. São Paulo: Mandarim, 1996. 2 ed.

BARBOSA JÚNIOR, Ademir. *A Bandeira de Oxalá – pelos caminhos da Umbanda*. São Paulo: Nova Senda, 2013.

_____. *Curso essencial de Umbanda*. São Paulo: Universo dos Livros, 2011.

_____. *O essencial do Candomblé*. São Paulo: Universo dos Livros, 2011.

_____. *Guia prático de plantas medicinais*. São Paulo: Universo dos Livros, 2005.

_____. *Mitologia dos Orixás: lições e aprendizados*. São Bernardo do Campo: Anúbis, 2014.

_____. *Nanã*. São Bernardo do Campo: Anúbis, 2014.

_____. *Novo Dicionário de Umbanda*. São Paulo: Nova Senda, 2014.

_____. *Obaluaê*. São Bernardo do Campo: Anúbis, 2014.

_____. *Oxumaré*. São Bernardo do Campo: Anúbis, 2014.

_____. *Para conhecer a Umbanda*. São Paulo: Universo dos Livros, 2013.

_____. *Para conhecer o Candomblé*. São Paulo: Universo dos Livros, 2013.

_____. *Reiki: A Energia do Amor*. São Paulo: Nova Senda, 2014.

_____. *Transforme sua vida com a Numerologia*. São Paulo: Universo dos Livros, 2006.

_____. *Umbanda – um caminho para a Espiritualidade*. São Bernardo do Campo: Anúbis, 2014.

_____. *Xangô*. São Paulo: Universo dos Livros, 2013.

_____. *Xirê: orikais – canto de amor aos orixás.* Piracicaba: Editora Sotaque Limão Doce, 2010.

BARCELLOS, Mario Cesar. *Os Orixás e a personalidade humana.* Rio de Janeiro: Pallas, 2007. 4 ed.

BORDA, Inivio da Silva et al. (org.). *Apostila de Umbanda.* São Vicente: Cantinho dos Orixás, s/d.

CABOCLO OGUM DA LUZ (Espírito). *Ilê Axé Umbanda.* São Bernardo do Campo: Anúbis, 2011. Psicografado por Evandro Mendonça.

CACCIATORE, Olga Gudolle. *Dicionário de Cultos Afro-brasileiros.* Rio de Janeiro: Forense Universitária, 1977.

CAMARGO, Adriano. *Rituais com ervas: banhos, defumações e benzimentos.* Rio de Janeiro: Livre Expressão, 2013. 2 ed.

CAMPOS JR., João de. *As religiões afro-brasileiras: diálogo possível com o cristianismo.* São Paulo: Editora Salesiana Dom Bosco, 1998.

CARYBÉ. *Iconografia dos deuses africanos no Candomblé da Bahia.* São Paulo: Editora Raízes,

1980. (Com textos de Jorge Amado, Pierre Verger e Valdeloir Rego.)

CHEVALIER, Jean e GHEERBRANT, Alain (orgs.). *Dicionário de símbolos*. Rio de Janeiro: José Olympio, 2008. Tradução: Vera da Costa e Silva et al. 22 ed.

CIPRIANO DO CRUZEIRO DAS ALMAS (Espírito). *O Preto Velho Mago: conduzindo uma jornada evolutiva*. São Paulo: Madras, 2014. Psicografado por André Cozta.

CONGO, Pai Thomé do (Espírito). *Relatos umbandistas*. São Paulo: Madras, 2013. Anotações por André Cozta.)

CORRAL, Janaína Azevedo. *As Sete Linhas da Umbanda*. São Paulo: Universo dos Livros, 2010.

_____. *Tudo o que você precisa saber sobre Umbanda* (volumes 1, 2 e 3). São Paulo: Universo dos Livros, 2010.

FAUR, Mirella. *Mistérios nórdicos: deuses, runas, magias, rituais*. São Paulo: Pensamento, 2007.

FERAUDY, Roger. (Obra mediúnica orientada por Babajiananda/PaiTomé.) *Umbanda, essa desconhecida*. Limeira: Editora do Conhecimento, 2006. 5 ed.

D´IANSÃ, Eulina. *Reza forte*. Rio de Janeiro: Pallas, 2008. 4 ed.

LEONEL (Espírito) e Mônica de Castro (médium). *Jurema das Matas*. São Paulo: Vida & Consciência, 2011.

LIMAS, Luís Filipe de. *Oxum: a mãe da água doce*. Rio de Janeiro: Pallas, 2007.

LINARES, Ronaldo (org.). *Iniciação à Umbanda*. São Paulo: Madras, 2008.

_____. *Jogo de Búzios*. São Paulo: Madras, 2007.

LOPES, Nei. *Enciclopédia brasileira da Diáspora Africana*. São Paulo: Selo Negro, 2004.

LOURENÇO, Eduardo Augusto. *Pineal, a glândula da vida espiritual – as novas descobertas científicas*. Limeira: Editora do Conhecimento, 2010.

MAGGIE, Yvonne. *Guerra de Orixá: um estudo de ritual e conflito*. Rio de Janeiro: Jorge Zahar Editor, 2001. 3 ed.

MALOSSINI, Andrea. *Dizionario dei Santi Patroni*. Milano: Garzanti, 1995.

MARTÍ, Agenor. *Meus oráculos divinos: revelações de uma sibila afrocubana*. Rio de Janeiro: Bertrand Brasil, 1994. (Tradução de Rosemary Moraes.)

MARTINS, Cléo. *Euá*. Rio de Janeiro: Pallas, 2001.

_____. *Nanã*. Rio de Janeiro: Pallas, 2001.

MARTINS, Giovani. *Umbanda de Almas e Angola*. São Paulo: Ícone, 2011.

_____. *Umbanda e Meio Ambiente*. São Paulo: Ícone, 2014.

MARSICANO, Alberto e VIEIRA, Lurdes de Campos. *A Linha do Oriente na Umbanda*. São Paulo: Madras, 2009.

MOURA, Carlos Eugênio M. de (org). *Candomblé: religião do corpo e da alma*. Rio de Janeiro: Pallas, 2000.

_____. *Culto aos Orixás, Voduns e Ancestrais nas Religiões Afro-brasileiras*. Rio de Janeiro: Pallas, 2006.

MUNANGA, Kabengelê e GOMES, Nilma Lino. *Para entender o negro no Brasil de hoje: história, realidades, problemas e caminhos*. São Paulo:

Global: Ação Educativa Assessoria, Pesquisa e Informação, 2004.

NAPOLEÃO, Eduardo. *Yorùbá – para entender a linguagem dos orixás*. Rio de Janeiro: Pallas, 2010.

NASCIMENTO, Elídio Mendes do. *Os poderes infinitos da Umbanda*. São Paulo: Rumo, 1993.

NEGRÃO, Lísias. *Entre a cruz e a encruzilhada*. São Paulo: Edusp, 1996.

OMOLUBÁ. *Maria Molambo na sombra e na luz*. São Paulo: Cristális, 2002. 10 ed.

ORPHANAKE, J. Edson. *Os Pretos-Velhos*. São Paulo: Pindorama, 1994.

OXALÁ, Miriam de. *Umbanda: crença, saber e prática*. Rio de Janeiro: Pallas, 2007. 2 ed.

PARANHOS, Roger Bottini (Ditado pelo espírito Hermes.). *Universalismo crístico*. Limeira: Editora do Conhecimento, 2007.

PIACENTE, Joice (médium). *Dama da Noite*. São Paulo: Madras, 2013.

______. *Sou Exu! Eu sou a Luz*. São Paulo: Madras, 2013.

PINTO, Altair. *Dicionário de Umbanda.* Rio de Janeiro: Livraria Editora Eco, 1971.

PIRES, Edir. *A Missionária.* Capivari: Editora EME, 2006.

PORTUGAL FILHO, Fernandez. *Magias e oferendas afro-brasileiras.* São Paulo: Madras, 2004.

PRANDI, Reginaldo. *Mitologia dos Orixás.* São Paulo: Companhia das Letras, 2001.

RAMATÍS (Espírito) e PEIXOTO, Norberto (médium). *Chama crística.* Limeira: Editora do Conhecimento, 2004. 3 ed.

_____. *Diário mediúnico.* Limeira: Editora do Conhecimento, 2009.

_____. *Evolução no Planeta Azul.* Limeira: Editora do Conhecimento, 2005. 2 ed.

_____. *Mediunidade e sacerdócio.* Limeira: Editora do Conhecimento, 2010.

_____. *A Missão da Umbanda.* Limeira: Editora do Conhecimento, 2006.

_____. *Umbanda de A a Z.* Limeira: Editora do Conhecimento, 2011. (Org.: Sidnei Carvalho.)

_____. *Umbanda pé no chão*. Limeira: Editora do Conhecimento, 2005.

_____. *Vozes de Aruanda*. Limeira: Editora do Conhecimento, 2005. 2 ed.

RIBEIRO, Darcy. *O povo brasileiro: a formação e o sentido do Brasil*. São Paulo: Companhia das Letras, 1995. 2 ed.

RISÉRIO, Antonio. *Oriki Orixá*. São Paulo: Perspectiva, 1996.

RUDANA, Sibyla. *Os mistérios de Sara: o retorno da Deusa pelas mãos dos ciganos*. São Paulo: Cristális, 2004.

SAMS, Jamie. *As cartas do caminho sagrado*. Rio de Janeiro: Rocco, 2003. (Tradução de Fabio Fernandes.)

SALES, Nívio Ramos. *Búzios: a fala dos Orixás*. Rio de Janeiro: Pallas, 2005. 2 ed.

SANTANA, Ernesto (Org.). *Orações umbandistas de todos os tempos*. Rio de Janeiro: Pallas, 2006. 4 ed.

SANTOS, Orlando J. *Orumilá e Exu*. Curitiba, Editora Independente, 1991.

SARACENI, Rubens. *Rituais umbandistas: oferendas, firmezas e assentamentos*. São Paulo: Madras, 2007.

SELJAN, Zora A. O. *Iemanjá: Mãe dos Orixás*. São Paulo: Editora Afro-brasileira, 1973.

SILVA, Carmen Oliveira da. *Memorial Mãe Menininha do Gantois*. Salvador: Ed. Omar G., 2010.

SILVA, Vagner Gonçalves da. *Candomblé e Umbanda: caminhos da devoção brasileira*. São Paulo: Ática, 1994.

SOUZA, Leal de. *O Espiritismo, A Magia e As Sete Linhas de Umbanda*. Limeira: Editora do Conhecimento, 2008. 2 ed.

_____. *Umbanda Sagrada*. São Paulo: Madras, 2006. 3 ed.

SOUZA, Marina de Mello. *África e Brasil Africano*. São Paulo: Ática, 2008.

SOUZA, Ortiz Belo de. *Umbanda na Umbanda*. São Paulo: Editora Portais de Libertação, 2012.

TAQUES, Ivoni Aguiar (Taques de Xangô). *Ilê-Ifé: de onde viemos*. Porto Alegre: Artha, 2008.

TAVARES, Ildásio. *Xangô*. Rio de Janeiro: Pallas, 2002. 2 ed.

VVAA. *Educação Ambiental e a Prática das Religiões de Matriz Africana*. Piracicaba, 2011. (cartilha)

VVAA. *Orientações e Ações para a Educação das Relações Étnico-Raciais*. Brasília: SECAD, 2006.

VVAA. *Plano Nacional de Desenvolvimento Sustentável dos Povos e Comunidades Tradicionais de Matriz Africana 2013 – 2015*. Brasília: Secretaria de Políticas de Promoção da Igualdade Racial, 2013.

VERGER, Pierre. *Orixás – deuses iorubás na África e no Novo Mundo*. Salvador: Corrupio, 2002. (Tradução de Maria Aparecida da Nóbrega.) 6 ed.

WADDELL, Helen (tradução). *Beasts and Saints*. London: Constable and Company Ltd., 1942.

Jornais e revistas

A sabedoria dos Orixás – volume I, s/d.

Folha de São Paulo, 15 de julho de 2011, p. E8.

Jornal de Piracicaba, 23 de janeiro de 2011, p. 03.
Revista Espiritual de Umbanda – número 02, s/d.
Revista Espiritual de Umbanda – Especial 03, s/d.
Revista Espiritual de Umbanda – número 11, s/d.

Sítios na Internet

http://alaketu.com.br
http://aldeiadepedrapreta.blogspot.com
http://answers.yahoo.com
http://apeuumbanda.blogspot.com
http://babaninodeode.blogspot.com
http://catolicaliberal.com.br
http://centropaijoaodeangola.net
http://colegiodeumbanda.com.br
http://comunidadeponteparaaliberdade.blogspot.com.br
http://espaconovohorizonte.blogspot.com.br/p/aumbanda-umbanda-esoterica.html
http://eutratovocecura.blogspot.com.br
http://fogoprateado-matilda.blogspot.com.br
http://umbandadejesus.blogspot.com.br

http://fotolog.terra.com.br/axeolokitiefon
http://jimbarue.com.br
http://juntosnocandomble.blogspot.com
http://letras.com.br
http://luzdivinaespiritual.blogspot.com.br
http://mundoaruanda.com
http://ocandomble.wordpress.com
http://ogumexubaraxoroque.no.comunidades.net
http://okeaparamentos.no.comunidades.net
http://opurgatorio.com
http://orixasol.blogspot.com
http://oyatopeogumja.blogspot.com
http://povodearuanda.blogspot.com
http://povodearuanda.com.br
http://pt.fantasia.wikia.com
http://pt.wikipedia.org
http://religioesafroentrevistas.wordpress.com
http://templodeumbandaogum.no.comunidades.net
http://tuex.forumeiros.com
http://xango.sites.uol.com.br
http://www1.folha.uol.com.br

http://www.brasilescola.com
http://www.desvendandoaumbanda.com.br
http://www.dicio.com.br
http://www.genuinaumbanda.com.br
http://www.guardioesdaluz.com.br
http://www.igrejadesaojorge.com.br
http://www.ileode.com.br
http://www.kakongo.kit.net
http://www.maemartadeoba.com.br
http://www.oldreligion.com.br
http://www.oriaxe.com.br
http://www.orunmila.org.br
http://www.pescanordeste.com.br
http://www.priberam.pt
http://www.religiosidadepopular.uaivip.com.br
http://www.siteamigo.com/religiao
http://www.terreirodavobenedita.com
http://www.tuccaboclobeiramar.com.br

O Autor

Ademir Barbosa Júnior (Dermes) é umbandista, escritor, pesquisador e Pai Pequeno da Tenda de Umbanda Iansã Matamba e Caboclo Jiboia, dirigida por sua esposa, a escritora e blogueira Mãe Karol Souza Barbosa.

Outras publicações

UMBANDA - UM CAMINHO PARA A ESPIRITUALIDADE

Ademir Barbosa Júnior (Dermes)

Este livro traz algumas reflexões sobre a Espiritualidade das Religiões de Matriz Africana, notadamente da Umbanda e do Candomblé. São pequenos artigos disponibilizados em sítios na internet, notas de palestras e bate-papos, trechos de alguns de meus livros.

Como o tema é amplo e toca a alma humana, independentemente de segmento religioso, acrescentei dois textos que não se referem especificamente às Religiões de Matriz Africana, porém complementam os demais: "Materialização: fenômeno do algodão" e "Espiritualidade e ego sutil".

Espero que, ao ler o livro, o leitor se sinta tão à vontade como se pisasse num terreiro acolhedor.

Formato: 16 x 23 cm - 144 páginas

MITOLOGIA DOS ORIXÁS - LIÇÕES E APRENDIZADOS

Ademir Barbosa Júnior (Dermes)

O objetivo principal deste livro nã
é o estudo sociológico da mitologi
iorubá, mas a apresentação da ric
mitologia dos Orixás, que, aliás, possu
inúmeras e variadas versões.

Não se trata também de um estudo d
Candomblé ou da Umbanda, embor
evidentemente, reverbere valores de
sas religiões, ditas de matriz african

Foram escolhidos alguns dos Orix
mais conhecidos no Brasil, mesm
que nem todos sejam direta e explic
tamente cultuados, além de entidad
como Olorum (Deus Supremo iorub
e as Iya Mi Oxorongá (Mães Ance
trais), que aparecem em alguns relato

Formato: 16 x 23 cm - 144 páginas

ARAVÁ OXUM

demir Barbosa Júnior (Dermes)

)xum é o Orixá do feminino, da feninilidade, da fertilidade; ligada ao io de mesmo nome, em especial em)xogbô, Ijexá (Nigéria).

enhora das águas doces, dos rios, das guas quase paradas das lagoas não antanosas, das cachoeiras e, em alumas qualidades e situações, também a beira-mar.

erfumes, joias, colares, pulseiras e spelhos alimentam sua graça e beleza. enhora do ouro (na África, cobre), as riquezas, do amor.

)rixá da fertilidade, da maternidade, o ventre feminino

!este livro o leitor encontrará esclaecimentos e dúvidas como simbolos, ores, planetas e muito mais curiosiades ligados ao Orixá Oxum.

ormato: 14 x 21 cm – 144 páginas

LAROYÊ POMBOGIRA CIGANA SETE SAIAS

Ademir Barbosa Júnior (Dermes)

Como saber a diferença entre diversidade e pseudofundamento? A intuição e o coração amorosos são ótimos guias para as situações mais diversas: não há como errar. Por outro lado, para se trabalhar a mediunidade, em qualquer segmento, em especial nas religiões de matriz africana, é necessário ter orientação, conhecimento e disciplina.

Este livro se propõe a apresentar um mosaico sobre o Orixá Exu, os Guardiões (Exus e Pombogiras) e a Pombogira Cigana Sete Saias.

Escrever sobre Exu e a Esquerda é falar de energia, potência, força, proteção, serviço, fidelidade, dedicação e fé.

Formato: 14 x 21 cm – 144 páginas

Outras publicações

SARAVÁ EXU

Ademir Barbosa Júnior (Dermes)

Orixá Exu é bastante controvertido e de difícil compreensão, o que, certamente, o levou a ser identificado com o Diabo cristão.

Responsável pelo transporte das oferendas aos Orixás e também pela comunicação dos mesmos, é, portanto, seu intermediário. Como reza o antigo provérbio: "Sem Exu não se faz nada.".

Responsável por vigiar e guardar as passagens, é aquele que abre e fecha os caminhos.

Neste livro o leitor encontrará esclarecimentos e dúvidas como simbolos, cores, planetas e muito mais curiosidades ligados ao Orixá Exu.

Formato: 14 x 21 cm - 144 páginas

LAROYÊ POMBOGIRA MARIA PADILHA

Ademir Barbosa Júnior (Dermes)

Como saber a diferença entre diversi dade e pseudofundamento? A intuiçã e o coração amorosos são ótimos guia para as situações mais diversas: nã há como errar. Por outro lado, para s trabalhar a mediunidade, em qualque segmento, em especial nas religiõe de matriz africana, é necessário te orientação, conhecimento e disciplin

Este livro se propõe a apresentar ur mosaico sobre o Orixá Exu, os Guar diões (Exus e Pombogiras) e a Pom bogira Maria Padilha.

Escrever sobre Exu e a Esquerda é fala de energia, potência, força, proteçã serviço, fidelidade, dedicação e fé.

Formato: 14 x 21 cm - 144 páginas

ANUBIS

ARAVÁ IEMANJÁ

demir Barbosa Júnior (Dermes)

:manjá é considerada a mãe dos rixás, divindade dos Egbé, da nação ›rubá, está ligada ao rio Yemojá. No rasil, é a rainha das águas salgadas e os mares.

rotetora de pescadores e jangadeiros, ıas festas são muito populares no aís, tanto no Candomblé quanto na mbanda, especialmente no extenso toral brasileiro. Senhora dos mares, as marés, das ondas, das ressacas, os maremotos, da pesca e da vida ıarinha em geral.

onhecida como Deusa das Pérolas, é Orixá que apara a cabeça dos bebês a hora do nascimento.

este livro o leitor encontrará esclacimentos e dúvidas como símbolos, ›res, planetas e muito mais curiosiades ligados ao Orixá Iemanjá.

Formato: 14 x 21 cm – 144 páginas

LAROYÊ EXU TRANCA-RUAS

Ademir Barbosa Júnior (Dermes)

Como saber a diferença entre diversidade e pseudofundamento? A intuição e o coração amorosos são ótimos guias para as situações mais diversas: não há como errar. Por outro lado, para se trabalhar a mediunidade, em qualquer segmento, em especial nas religiões de matriz africana, é necessário ter orientação, conhecimento e disciplina.

Este livro se propõe a apresentar um mosaico sobre o Orixá Exu, os Guardiões (Exus e Pombogiras) e o Exu Tranca-Ruas.

Escrever sobre Exu e a Esquerda é falar de energia, potência, força, proteção, serviço, fidelidade, dedicação e fé.

Formato: 14 x 21 cm – 144 páginas

Outras publicações

ARSENAL DE UMBANDA

Evandro Mendonça

O livro "Arsenal da Umbanda" e outros livros inspirados pelo médium Evandro Mendonça e seus mentores, visa resgatar a Umbanda no seu princípio básico, que é ligar o homem aos planos superiores. Atos saudáveis como o de acender uma vela ao santo de sua devoção, tomar um banho de descarga, levar um patuá para um Preto-Velho, benzer-se, estão sendo esquecidos nos dias de hoje, pois enquanto uns querem ensinar assuntos complexos, outros só querem saber de festas e notoriedade.

Umbanda é sabedoria, religião, ciência, luz emanada do alto, amor incondicional, crença na Divindade Maior. Umbanda é a própria vida.

Formato: 16 x 23 cm – 208 páginas

ORIXÁS – SEGURANÇAS, DEFESAS E FIRMEZAS

Evandro Mendonça

Caro leitor, esta é mais uma obra qu tem apenas o humilde intuito de sc mar a nossa Religião Africana. Esper com ela poder compartilhar com meu irmãos e simpatizantes africanistas ur pouco mais daquilo que vi, aprendi escutei dos mais antigos Babalorixá Yalorixás e Babalaôs, principalment do meu Babalorixá Miguel da Oy Bomí. São ensinamentos simples, an tigos, porém repletos de fundament e eficácia na Religião Africana; algur até mesmo já esquecidos e não ma praticados nos terreiros devido a modernismo dos novos Babalorixás Yalorixás e suas vontades de mostra luxúrias, coisas bonitas e fartas par impressionar os olhos alheios.

Formato: 16 x 23 cm – 192 páginas

ƗRIXÁS E SUAS OFERENDAS

vandro Mendonça

sta Obra é mais um trabalho do autor, estinada a futuros Babalorixás, Ialoriás, Babalaôs, Pais, Mães e Zeladores e Santos etc. que têm a ânsia, a força e vontade e o direito de aprender os ındamentos religiosos das nações afriınas dos Orixás praticadas em solo rasileiro – muitas vezes por egoísmo, ılta de conhecimento ou até mesmo ara que os futuros Babalorixás, Ialoriás, Babalaôs, Pais, Mães e Zeladores de antos etc. não fiquem na dependência ligiosa do seu feitor, Baba e até mesıo do templo religioso, pois o mesmo caba não transmitindo todos os seus ɔnhecimentos a seus sucessores.

entro da religião africana não exism trabalhos, rituais, magias, ofendas e segredos que não possam ser ansmitidos a esses futuros religiosos.

ɔrmato: 16 x 23 cm – 176 páginas

UMBANDA ASTROLÓGICA – Os Senhores do Destino e a Coroa Astrológica de Orumilá

Carlinhos Lima

Este livro trata-se de uma visão do horóscopo zodiacal sobre o prisma da Umbanda, da mesma forma que é uma visão do orixá por meio do saber astrológico. Mas, além dessa interação Umbanda-Astrologia, o livro também foca e revela outros oráculos, especialmente os mais sagrados para os cultos afrobrasileiros que são o Ifá e Búzios. Nesse contexto orácular, trazemos capítulos que falam de duas técnicas inéditas de como adentrar o mundo dos odus, utilizando o zodíaco: a primeira é a Ifástrologia que utiliza-se das casas astrológicas do Horóscopo para alinhar os odus e chegarmos a odus que são responsáveis por nossa existência. E a outra é a soma dos odus utilizando a data de nascimento.

Formato: 16 x 23 cm – 256 páginas

Dúvidas, sugestões e esclarecimentos

E-mail: ademirbarbosajunior@yahoo.com.br

WhatsApp: 47 97741999

Distribuição exclusiva

AQUAROLIBOOKS®

www.aquarolibooks.com.br